ΜΡ

監修者――木村靖二／岸本美緒／小松久男／佐藤次高

［カバー表写真］
ユスティニアヌス像
（サン・ヴィターレ聖堂）

［カバー裏写真］
ハギア・ソフィア聖堂

［扉写真］
ユスティニアヌス像
（ハギア・ソフィア聖堂）

世界史リブレット人9

ユスティニアヌス大帝
世界に君臨するキリスト教ローマ皇帝

Otsuki Yasuhiro
大月康弘

目次

ユスティニアヌスとは誰か

「画期的」(エポック・メイキング)という言葉がある。いうまでもなく、それまでの時代とはまったく異なる(=時代を画する)政治的出来事や、社会の深層において変革が起こったときに使う表現である。

本書の主人公ユスティニアヌスは、ヨーロッパ史のなかでまさに画期的な事績を残した大帝(Magnus)、つまり「偉大なローマ皇帝」だった。

フラウィウス・ペトルス・サッバティウス・ユスティニアヌス(Flavius Petrus Sabbatius Justinianus)。それが彼の正式名である。四八二年頃にバルカン半島の町タウレシウム▲で生まれ、五六五年十一月十四日にコンスタンティノープルで没した。生地は、現在の北マケドニア共和国スコピエ近傍で、彼はそこ

▼**タウレシウム**　現在の北マケドニア共和国の首都スコピエ南東二〇キロメートルの場所にあった、後期ローマ帝国時代の町。属州ダルダニアに所属した。東ゴート王テオダハドの生地ともされる。

で農民の子として誕生した。

五二七年八月一日、四四歳のときに叔父ユスティヌス（後述、在位五一八〜五二七）の後継者としてローマ皇帝になった。五六五年十一月十四日に八二歳で没するまで在位したから、三八年以上の長きにわたり、「世界」に号令をかけた帝王だったことになる。

このユスティニアヌスは、いかにして皇帝になったのか。帝位に就いてから何をしたのか。前半生には不明な点が多いが、叔父ユスティヌスが皇帝に推挙される頃から、彼の後半生は大きく変貌することとなる。彼について記す史料が多くなるのも、この時期からだ。本書では、史料が語る皇帝ユスティニアヌスの足跡、事績を辿り、彼が号令をかけた時代のローマ帝国の相貌をかいま見ることとしたい。

ユスティニアヌスは、その活躍ぶりから、まさに「大帝」の称号をもって呼ばれた偉大なローマ皇帝だった。そして、後代、フランク王国のカール大帝▲や、オットー大帝▲にとっての模範となる。

いかなる意味において同時代人から「大帝」と呼ばれたのか。後代のフラン

▼カール大帝（七四八〜八一四）　カロリング朝三代目のフランク王（在位七六八〜八一四）。八〇〇年十二月二十五日に都市ローマでローマ皇帝として戴冠された（在位八〇〇〜八一四）。現在のドイツ、フランス地域からイタリア中部までを統合し、西ヨーロッパ世界を政治的に統一した。首都アーヘンの宮廷では盛んに文化活動がおこなわれ、カロリング・ルネサンスを出現させた。

▼オットー大帝（九一二〜九七三）　十世紀のローマ皇帝。ザクセン出身の東フランク王（在位九三六〜九七三）で、九六二年二月二日に都市ローマでローマ皇帝として戴冠された（在位九六二〜九七三）。イタリア経営に腐心するなど、アルプスを挟む両地域に及ぶ帝国を統治した。聖職者を官僚に任用したことなどにより、十三世紀以降、神聖ローマ帝国の呼称が用いられた。

ク王らがユスティニアヌスに仮託して何を「ローマ皇帝」の理想像としたのか。「世界」に号令をかける「ローマ皇帝」の原型とされた彼の事蹟を辿るなかで、後のヨーロッパ世界への影響の含意についても考えてみたい。

なお、本書では五世紀以降の東ローマ帝国の皇帝をビザンツ皇帝と通称する。ただし、当時の呼び名はあくまで「ローマ皇帝」(Basileus Romaion)にほかならなかったことに留意したい。歴代のビザンツ皇帝は、それまでのローマ皇帝と同様に「世界」(oikoumene)に号令をかける帝王であり、「世界」の秩序に責任を負う者、と自認していた。「東ローマ」や「ビザンツ」など、地域限定的な呼称をもちいはする。しかし当時、皇帝たる者は、あくまで「世界」に号令をかける「ローマ皇帝」であり続けていた。

①—ユスティニアヌス時代を彩った人びと

出自

ユスティニアヌス▲の生地、ローマ帝国の属州ダルダニアは、ラテン語を話す住民が多い地域だった。彼が誕生した頃は、すでにコンスタンティノープルに都が定められて一五〇年を経ていたから、帝国の公用語はギリシア語に転換しつつあった。とはいえ、ユスティニアヌスの一族は、ラテン語を母語とする環境で暮らし、彼自身もまた終生ラテン語で思考していたと考えられている。

彼の家族は、トラキア系ローマ人またはイリュリア系ローマ人だった。ユスティニアヌスは治世中に、出身地から遠くない場所に壮麗な町ユスティニアナ・プリマを建設しており、プロコピオスはこれを「故郷に錦を飾る」おこないだったと伝えている。

ユスティニアヌスの両親についてはほとんど知られない。父親の名がサッバティウス、母親はヴィギランティアといった。この夫婦には、ユスティニアヌスのほかに、母親と同名のヴィギランティアという娘▲がいたことが知られる。

▼ユスティニアヌスの名称　彼の通称「ユスティニアヌス」は、いわゆる綽名（コグノーメン）であり、日本語の語感ではむしろ「愛称」と言ってよいものである。これは、叔父ユスティヌス一世の養子になったことを含意した呼び名だった。

▼妹ヴィギランティア　彼女には少なくとも三人の子があり、一人はユスティニアヌスの後継皇帝ユスティヌス二世（在位五六五～五七八）だった。彼はユスティニアヌスの后テオドラの姪ソフィアと結婚した。

▼アナスタシウス帝（一世）　在位四九一～五一八年。生年不詳。デュラキオン生まれ。財務官僚として活躍。破綻の危機にあった帝国財政の再建に努め、後継皇帝らの対外戦争を可能にしたとされる。コンスタンティヌス一世の末裔で、ゼノン帝崩御後に、その后アリアドネと結婚して皇帝となった。東方イサウリア出身の先帝ゼノンは同郷人を厚遇したが、彼は彼らを冷遇したので、四九一～四九八年にイサウリア人らの反

乱が起こった。宗教面では単性論寄りで(シリア教会では聖人)、アレクサンドリア教会との融和を図り、ローマ教会と一時分裂した。両眼の色が違ったことから(黒とブルー)ディコロス(dicoros)と綽名された。

▼ヨハネス・マララス　シリア出身のビザンツの聖職者・年代記作者。コンスタンティノープルでの単性論派主教となる。全一八巻から成る主著『年代記』は、天地創造から彼が生きた五〜六世紀の出来事までを記す。ギリシア語で書かれた最初の年代記とされ、東方教会におけるその後のキリスト教年代記の手本となった。ユスティヌス、ユスティニアヌス治世の事情を知る上で最重要な史料の一つである。

▼ゲルマヌス(五〇五頃〜五五〇)　軍司令官としてトラキア、北アフリカ、対ペルシア戦線を指揮後、最後の東ゴート遠征軍指揮をユスティニアヌスから命じられた。東ゴート王ウィティギスの后だったマタスンタと結婚した。その時点ではユスティニアヌスの後継者として最有力だったとされる。

他方、皇帝にまで昇りつめた叔父ユスティヌスについては、比較的豊富な史料情報が得られる。彼は四五〇年頃の生まれと考えられ、母ウィギランティアの弟だった。本来の名をイストックといい、コンスタンティノープルに上った後、近衛隊に属していた。アナスタシウス帝▲が崩御したとき、彼は近衛隊長に昇進していた。前帝崩御に伴い、五一八年七月九日から大宮殿で会議が開催され、幾人もの候補者が取りざたされたが決まらず、紆余曲折のすえ、彼がユスティヌス一世として皇帝に選出された。

マララス▲の『年代記』は、ユスティヌスの風貌を「彼は広い胸板、ふさふさした巻き毛、よく通った鼻筋、やや赤みがかった肌、均整のとれた体つきをしていた」「多くの戦闘を経験した軍人で、寛容な性格であったが、無学であった」(和田廣訳)と伝えている。

ユスティヌスは、甥のユスティニアヌスをコンスタンティノープルへ呼び寄せ養子として養育、もう一人の甥ゲルマヌス▲も呼び寄せている。ユスティヌスは終生読み書きができず、皇帝の御璽《ぎょじ》を添える勅令には「LEGI」(「私は読んだ」という意味のラテン語)の文言をくり抜いた木の枠が用意され、これをなぞって

「署名」したという。

無学だったためだろう、引き取った甥のユスティニアヌスには若い頃から高い教育をほどこした。ユスティニアヌスは、こうして法学、神学、また歴史(ローマ史)について十分な教養をもつようになっていた。

ユスティヌス治世のユスティニアヌス

ユスティニアヌスもまた、叔父と同じく近衛隊に勤務していたようだが、経歴の詳細については知られない。成人に達した頃、宮廷警護隊の「白の軍服組」になっており、叔父が皇帝になった時点(五一八年)では、皇帝の身辺警護隊である宮廷儀仗隊の隊長に就任していた。

その後、首都駐屯歩兵・騎兵の両軍総司令官に、また五二一年には執政官に任命された。執政官就任に当たっては、祝儀として二八万八〇〇〇枚の金貨を、祝賀行列に集まった市民に配布した、と伝えられる。市民の政治的歓心を買う術に長けていたことをうかがわせるエピソードである。五二三年に爵位パトリキオス、▲五二五～五二七年にはカエサル(副帝称号として用いられていた)になる

▼**爵位パトリキオス、ノビリッシモス**　当時の爵位序列はローマ帝国のものを基礎としていた。

● 六世紀のビザンツ帝国

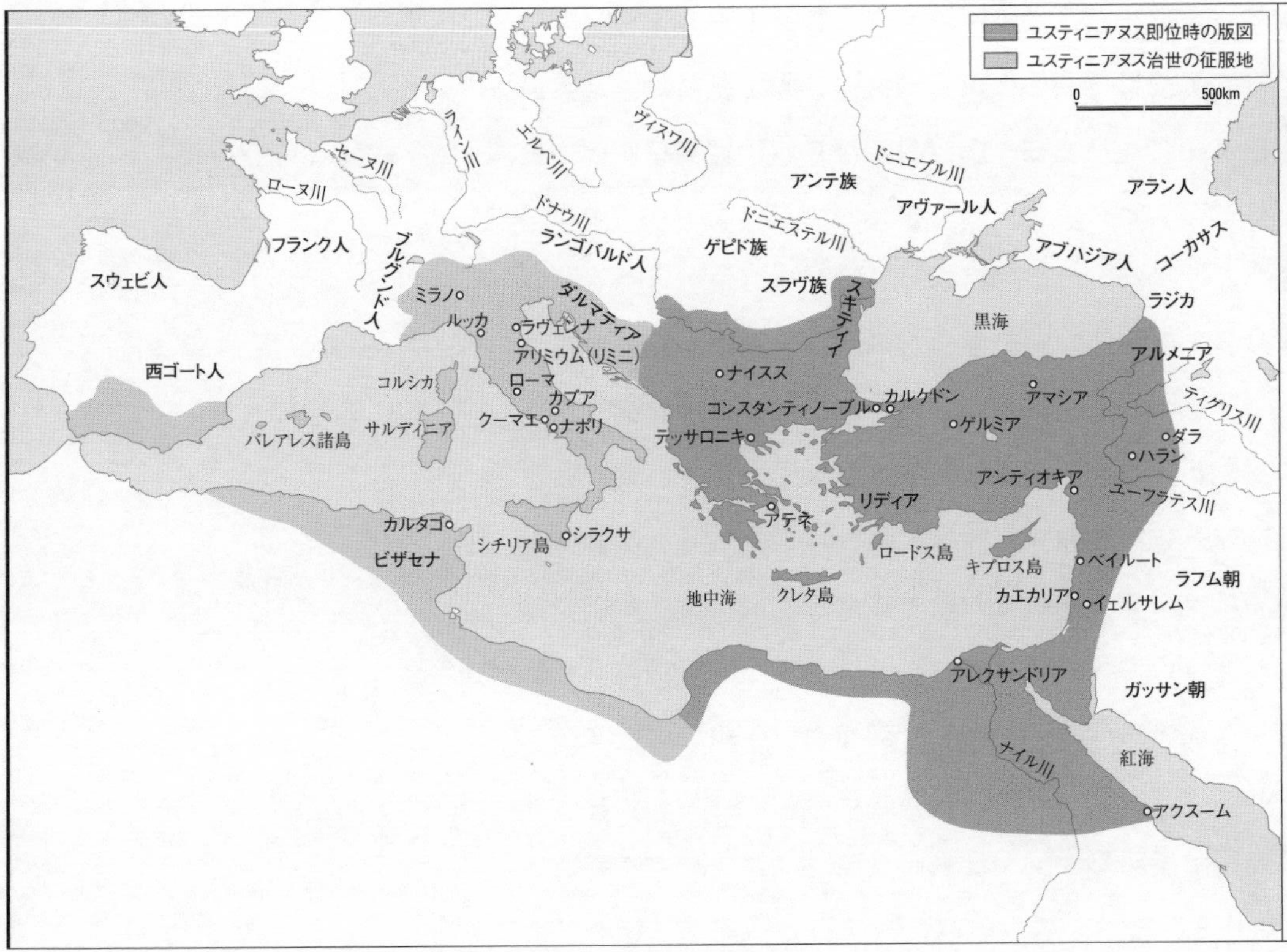
ユスティニアヌス即位時の版図
ユスティニアヌス治世の征服地
0
500km
スウェビ人
西ゴート人
フランク人
ローヌ川
セーヌ川
ライン川
エルベ川
ヴィスワ川
ドナウ川
ブルグンド人
ランゴバルド人
ミラノ
ルッカ
ラヴェンナ
アリミウム(リミニ)
ダルマティア
コルシカ
サルディニア
バレアレス諸島
ローマ
カプア
クーマエ
ナポリ
カルタゴ
ビザセナ
シチリア島
シラクサ
アンテ族
ドニエプル川
ドニエステル川
アヴァール人
ゲピド族
スラヴ族
スキティア
ナイスス
コンスタンティノープル
カルケドン
テッサロニキ
アテネ
リディア
ロードス島
クレタ島
地中海
キプロス島
黒海
アラン人
コーカサス
アブハジア人
ラジカ
アルメニア
アマシア
ゲルミア
ティグリス川
ダラ
ハラン
アンティオキア
ユーフラテス川
ベイルート
カエカリア
イェルサレム
ラフム朝
アレクサンドリア
ガッサン朝
ナイル川
紅海
アクスーム

とともに、皇族にのみ与えられるノビリッシモス▲（「もっとも高貴なる者」の意）の爵位を与えられた。極めて高い官位と爵位を身に帯びたことで、ユスティヌス一世の後継者としての地歩は揺るぎないものと見られたようである。

史料が伝えるところでは、ユスティニアヌスは、ユスティヌス一世の治世にあって常に皇帝の腹心だった。プロコピオスによれば、ユスティニアヌスは大望を抱いており、共同皇帝になる以前から事実上の摂政の役割を果たしていたとされる。いずれにせよ、ユスティヌス治世の末年になると、皇帝が老衰したので、事実上ユスティニアヌスが帝国のあらゆる事項について決済をし、事実上の統治者となっていた。

ただ、ユスティヌス一世の統治を支えたのは、ユスティニアヌスばかりではなかった。アナスタシウス一世に対して三度にわたり反乱したビタリアノス▲をトラキアから呼び戻し、首都駐屯の歩兵・騎兵両軍総司令官に任命するなど、軍人として活躍していた間の知己を用いて支配をおこなった。このビタリアノスは、両軍総司令官に加えて、五二〇年には執政官にも任命されている。

ユスティニアヌスは、このライバルの勢力拡大を嫌って、ビタリアノスと彼

▼**ビタリアノス**　五一三年にアナスタシウス帝に対して反乱を起こした。ユスティヌス治世には帝国軍総司令官だったが、五二〇年、おそらくユスティニアヌスの命によって宮廷で暗殺された。

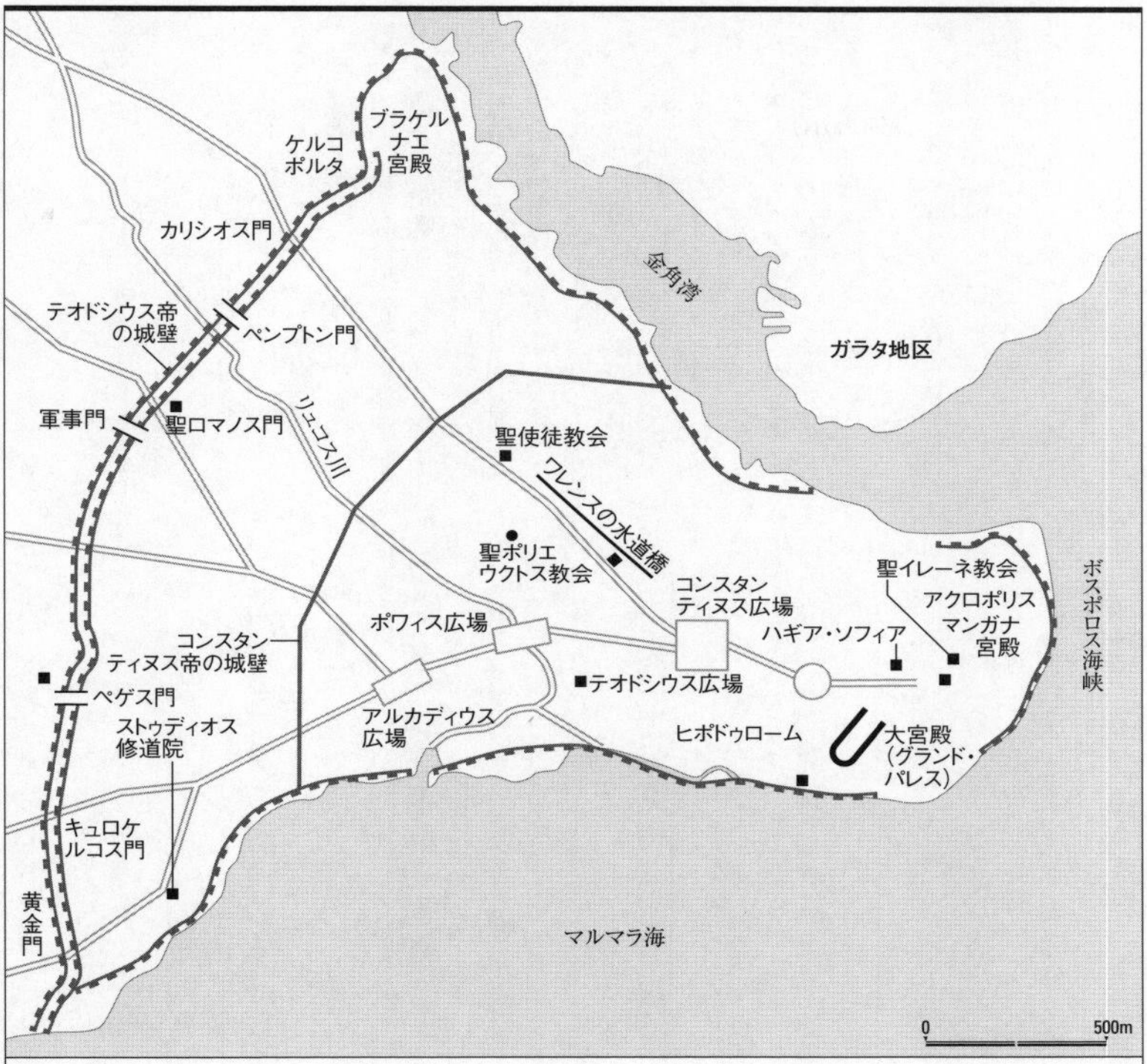
ケルコ
ポルタ
ブラケル
ナエ
宮殿
カリシオス門
テオドシウス帝
の城壁
ペンプトン門
軍事門
聖ロマノス門
リュコス川
金角湾
ガラタ地区
聖使徒教会
ウァレンスの水道橋
聖ポリエ
ウクトス教会
コンスタン
ティヌス広場
聖イレーネ教会
アクロポリス
マンガナ
宮殿
ボスポロス海峡
ハギア・ソフィア
ポワィス広場
コンスタン
ティヌス帝の城壁
ペゲス門
テオドシウス広場
ストゥディオス
修道院
アルカディウス
広場
ヒポドゥローム
大宮殿
（グランド・
パレス）
キュロケ
ルコス門
黄
金
門
マルマラ海
0
500m

●六世紀のコンスタンティノープル

の側近パウロスらを粛正した。これ以後、ユスティニアヌスの影響力は大きくなった。唯一のライバルとして残った法務長官プロクロスも五二七年までには死去したので、同年四月一日に、かねてより元老院から推挙されていたユスティニアヌスが何の支障もなく共同皇帝となったのだった。

ユスティニアヌスの風貌

ユスティニアヌスの容姿については諸説ある。同時代人であるマララスは『年代記』でこう伝えている(一八ー一)。「皇帝の容姿は次のとおりである、背丈は幾分低めで、胸幅は広く、鼻筋は通り、色白で、縮れ毛で丸顔であった。身体全体の均整は整い、額は禿げていて、顔の色つやは良く、頭髪と顎髭には白髪が混じっていた」(和田廣訳)。これはおそらく壮年期から老年期にかけての風貌であろう。もう一人の同時代人、『秘史』の作者プロコピオスによれば、ユスティニアヌスの外見は暴君ドミティアヌス▲のようだったという。しかしこれはおそらく、後述するように、プロコピオスがユスティニアヌスの「暴君」性を強調しようして用いた比喩的、中傷的表現であった。

▼**ドミティアヌス**　ローマ帝国第十一代皇帝(在位八一〜九六)。ネロの暴政とその後の政治混乱を収束すべく登位したウェスパシアヌス帝(在位六九〜七九)の次男。先帝ティトゥスの弟で、フラウィウス朝三代目にして最後の皇帝。五一年生まれ。几帳面な性格だったと伝えられるが、やがて残虐になり、自邸で暗殺される。没後「記憶の抹消」(Damnatio Memoriae)に処せられた。

▼**ハギア・ソフィア聖堂**　コンスタンティノープルにあるキリスト教の大聖堂。三四六年にコンスタンティウス二世によって建てられた建物は、五三二年のニカの乱で焼け落ちた。ユスティニアヌスによって再建され、五年半という短期間で五三七年十二月に完成した。巨大なクーポール(直径三三メートル、高さ五五メートル)をもち、コンスタンティノー

なお、コンスタンティノープルのハギア・ソフィア聖堂▲や、イタリアの都市ラヴェンナ▲にあるサン・ヴィターレ聖堂（一三頁参照）、またサンタポリナーレ・ヌオヴァ教会▲には、ユスティニアヌスの姿を描くモザイク画があり、意志堅固な面立ちの壮年の美丈夫の姿が描かれている。貨幣にも肖像が刻まれたが、これらはいずれも定型化された皇帝の容姿といえるかもしれない。

叔父ユスティヌス一世は五二七年八月一日に逝去する（享年五七歳）。共同皇帝となっていたユスティニアヌスは、ユスティヌス帝崩御のその日をもって単独皇帝となった。

テオドラとの結婚

五二五年、ユスティニアヌスは一五歳も年下の踊り子テオドラと結婚した。この結婚については、当初、階級の違いのためにユスティヌスの后エウフェミアが猛烈な反対をした。もっとも、エウフェミア（生年不詳〜五二三／四）自身も、蛮族出身の奴隷で、ユスティヌスと内縁関係があり、旧名をルピキナといった。夫とともに戴冠され皇后となったことから、より高貴な名エウフェミア

プル総主教座がおかれた。

▼ラヴェンナ（Ravenna）　イタリア半島北東部にある都市。四〇二年、西ローマ帝国はイタリア支配の拠点をこの町に移した。泥沢地と湿地に囲まれた土地で、東ローマ帝国軍の支援を海上から得られる利点があった。西ローマ帝国滅亡後、東ゴート王国の首都となるが、五四〇年、ローマ帝国復興と正教擁護を掲げたユスティニアヌス帝の命により（東ゴートはアリウス派だった）、将軍ベリサリオスが町を占領し、東ローマ帝国総督府がおかれた。七五一年、ランゴバルト王アイストゥルフが征服し、東ローマ帝国の北イタリア支配の拠点は失われた。

▼サンタポリナーレ・ヌオヴァ教会　東ゴートの王宮に隣接してテオドリック大王により四九〇年頃建てられたバシリカ様式の聖堂。見事なモザイク画で有名。五四〇年、ラヴェンナが東ローマ帝国に征服されると、アリウス派の聖堂として没収され、正教聖堂となった。このとき内陣のモザイク画も修正が加えられた。

と改名していた。

皇后テオドラは、帝国の政治に大きな影響を与えることとなる。注意したい点は、ユスティニアヌス以後の皇帝たちも、貴族階級以外から妻を娶るようになったことだ。ローマ元老院身分（元々の出自がいかなるものであれ）は、下級階層出身の女性を正式の妻とすることを避けていたが、ユスティニアヌス以後、階級間を超えた結婚が散見されるようになる。プロコピオスによれば、テオドラは非常に知的で聡明、抜け目がなく、大胆な性格をもってユスティニアヌス治世の前半を支える大きな存在となった。

テオドラは、四九七年頃にコンスタンティノープルないしパフラゴニア▲で生まれた。ビザンツ社会には、大都市に馬車競技場▲が建設され、市民の娯楽に供されていたが、父親アカキオスは、そこで緑組▲と呼ばれるチームに専属の見世物一座の親方だったという。アレクサンドリア、アンティオキアで巡業した一座は、五二〇年頃、帝都で執政官（コンスル）となっていたユスティニアヌスと出会う。

プロコピオスの記事を信ずるならば、彼女は下層の男たちを相手に売春行為

▼パフラゴニア　小アジアの中北部、黒海沿岸の地方。西にビテュニア、東にポントスと接していた。テオドラの出自をローマ（ビザンツ）帝国とする同時代の歴史家は、プロコピオスのみである。単性論派の史料では、彼女はシリアのカリニコス（現ラッカ、シリア人ミカエルの『年代記』）、パフラゴニア（『コンスタンティノープル都市要録』）、キプロス（ニキフォロス・カリストス・クサントプロス『教会史』）などとされている。

▼馬車競技場（ヒポロドーム）　大規模なローマ都市には、劇場とともに建設された。楕円形でコンスタンティノープルの競技場は大宮殿に隣接し、観客五万人を収容したともいわれる。

▼緑組　三五頁参照。

●サン・ヴィターレ聖堂　六世紀前半にラヴェンナに建てられた初期ビザンティン様式の聖堂。司教座聖堂ではなく、聖ウィタリスの聖遺物を祀ったマルティリウム(殉教者記念礼拝堂)。ユスティニアヌス(左、上の画中央)と皇后テオドラ(左、下の画中央)のモザイク画(五四七年作成)で有名。八世紀初頭に東ローマの影響から離れたので、イコノクラスム(聖像破壊運動)を免れ、初期ビザンティン美術のモザイク画が残っている。

●晩年のユスティニアヌス　サンタポリナーレ・ヌオヴォ聖堂のモザイク。

をおこなっていたという。もっとも、プロコピオス『秘史』で記されるテオドラに帰される性的乱行は、文学的テーマを誇張したとの見解もあり、真偽のほどは定かでない。ただ、単性論派を支持したことでテオドラを崇拝していたエフェソスのヨハネスですら、彼女がポルネイオンつまり「売春館」の出身であったと語っている。しかし、ヨハネスが厳格な修道士であったことを考えると、彼にとって劇場と売春宿とに大きな違いはなかったのでは、との説もある。当時の社会では、「観客大衆にその身を見せる女優は、大勢の客にその身を提供する女性と同一視されていた」のだった(フランス人研究者J・ボカンの主張)。

ともあれテオドラはユスティニアヌスと出会い、今や帝国の舵取りを実質的に担っていた彼と内縁関係を結ぶこととなった。彼女にはこのときすでに娘が一人おり、その父親はヘケボロスという名の、属州リビアの統治者ともなった男だった。テオドラを捨てたのは、彼女の過去の境遇を知ったからとされている。

ユスティニアヌスは、彼女と結婚したいと願い、そう決意した。まずもって叔父ユスティヌスに働きかけ、彼女へのパトリキアの爵位授与に成功している。

▼単性論派　キリスト論において受肉したイエス・キリストに単一の(mono)性(physis)のみを認める説。キリストに人性と神性の二つの本性を認める両性論がカルケドン公会議で最終的に正統とされたことで否定されたが、アレクサンドリア教会では根強く残った。アレクサンドリアで生活していたテオドラが単性論を信奉したのは、そのエジプト経験と無関係ではない。

▼エフェソスのヨハネス(五〇七頃～五八八頃)　シリア語で著作を残した最重要な初期キリスト教父著述家。アミダ(現在のトルコ南東部ディアルバクル)生まれ。パレスティナで聖職者として過ごした後、コンスタンティノープルに移り、五三〇年代末に東方に戻り、そこでコレラ禍を目の当たりにした。エジプトに行き聖者伝を収集し、五八編から成る書物にした。主著『教会史』はカエサルから五八八年までの出来事を記す。

▼ササン朝ペルシア　二二六～六五一年にイラン高原からメソポタミア地域を支配したペルシア帝国。首都クテシフォン。始祖アルダシール

ついで一法令を発布し、元老院身分の者が役者であった女性と結婚することを禁じていた法的措置を撤廃した。この新勅法は、明確にテオドラを念頭においていたと考えられる。ところが、皇后エウフェミアがこの結婚に断固反対していた。両者が結婚したのは、エウフェミア没後のことだった。

テオドラは、ユスティニアヌスの妻になると同時に皇后として戴冠された。そして、実質的に政治的役割を果たすようになった。後述するニカの乱の際に、ユスティニアヌスを説得して暴徒に相対させたのは彼女だった。

彼女は、ササン朝ペルシア▲(以下ササン朝)のホスロー一世▲や東ゴートのテオダハド▲のもとへ必要に応じて独自の外交使節を派遣した。また、自らの寵臣(バルシュメス、ナルセス、ヴィギリオス)を高位の官職に推挙し数人の主教の選出に関与している(首都でアンティミオスを、アレクサンドリアでテオドシオスを選出させた)。他方、気に入らない高位官職者を排除しようと画策もした。道管区長官だったカッパドキアのヨハネスが反乱を起こしたのは、まさに彼女の計略が裏目に出た結果だった。

テオドラの名を冠した都市が多く建設され、彼女を顕彰して彫像が造られて

一世がゾロアスター教の神官出身だったため同教との結びつきが強い。六四二年ニハーヴァンドの戦いでアラブ軍に敗れ、六五一年ヤズデギルド三世の暗殺とともに滅亡。アラビア語史料からはサーサーン朝と読めるが、実際の呼称は不明。

▼ホスロー一世　ササン朝ペルシア帝国のカワード一世(在位四八八〜四九六、四九八〜五三一)の息子。アノシャルヴァン(「不死の魂を持った者」の意)と綽名された。第二次ササン朝戦(五四〇〜五六二年)を優位に進め、ビザンツ帝国から多額の年金を得ることに成功した。五七九年、七八歳で死去。

▼テオダハド　東ゴート王(第四代、在位五三四〜五三六)。テオドリック大王の妹アマラフリダの息子。テオドリック大王の娘で従姉妹でもあるアマラスンタと結婚し共同統治者に指名されたが反旗を翻し、彼女を幽閉。この後アマラスンタは反対派により殺害されて、テオダハドは王位を独占した。アマラスンタの庇護者を自認していたユスティニアヌスに戦争の口実を与えた。

いることから、彼女が、皇帝同様の扱いを帝国に求めていたことが知られる。帝国内に独自の広大な所領を保有し、そこから廷臣への贈与、またキリスト教会に多大な寄進をおこなっている。これらの事実は、皇后という特殊な立場の前提ではあるが、女性の社会的地位が、従来に比べて上昇した証左と見ることができる。女性の財産権は、ローマ法上まったく新しい事項だったのである。

ベリサリオス　ラヴェンナのサン・ヴィターレ聖堂のモザイク画。

将軍ベリサリオス

ユスティニアヌスの治世を見る前に、彼を語るのに重要な人物二人を紹介しておこう。その一人が将軍ベリサリオスである。

彼は、トラキア地方出身といわれるが出自に関する詳細は知られない。皇后テオドラの親友アントニナの一〇歳年少の夫として、またユスティニアヌスの忠実な将軍として、対ペルシア、対ヴァンダル、対東ゴートにたびたび遠征して、軍功をあげた。帝国内での声望が高く、ユスティニアヌスから何度も不興を買ったものの、一貫して皇帝に忠実であった。

彼は、ユスティニアヌスが叔父ユスティヌス一世下で首都駐屯歩兵・騎兵両軍総司令官であった頃(五二〇～五二七年)、配下の「槍持ち」護衛兵をしていた。主従関係はこの頃に結ばれたとみられ、その後、主人ユスティニアヌスの出世にともなって、メソポタミア軍司令官(～五二九年)、オリエント道管区軍総司令官(～五三一年)を歴任した。五三二年一月に起こったニカの乱にあっては、将軍ムンドスとともに暴徒と反皇帝派を鎮圧している。

その後、五三三～五三四年にヴァンダル遠征軍の総司令官、五三五～五四〇年に東ゴート遠征軍の総司令官として遠征し、両王国の再征服に功績をあげた。その後、休む間もなく、五四一年には再度オリエント道管区軍総司令官としてペルシア戦線への出征を命じられ、数次の攻防戦のすえ、ペルシアのホスロー一世の使者と会談し、敵軍をペルシアに引き返させた。

ところが、五四二年夏にコンスタンティノープルでペストが流行、ユスティニアヌスも罹って、逝去の噂が流れた。皇帝は回復するが、このときユスティニアヌスの再擁立を認めないと発言した、と同僚に讒言《ざんげん》され、道管区軍総司令官職を解かれ、財産を没収される憂き目をみた。

五四四年春、東ゴート王国のトッティラ▲がローマに進軍したことで、ベリサ

▼トッティラ　東ゴート王(在位五四一～五五二)。ベリサリオスの軍事活動により、東ゴート王国は、五四〇年にポー川の北側にかろうじて国を保つ状態にまで後退していた。王に選出されると彼は、ユスティニアヌスのイタリア支配を転覆させようとした。五四〇年以来、ビザンツ帝国はホスロー一世との交戦にかかりきりで、ローマの守備隊に裏切り者もでるなか、五四六年十二月にローマを奪取した。ユスティニアヌスは将軍ナルセスを派遣し、このビザンツ軍との交戦中にトッティラは戦死した。以後、ビザンツのイタリアでの覇権が確立した。

リオスはユスティニアヌスより再度召集され、イタリアに出征した(五四四～五四九年)。トッティラからローマを奪回し、追撃を始めるところで皇帝から帰還命令を受け、帝都に戻っている(五四九年四月)。同年七月に三度目となるオリエント道管区軍総司令官に任命されるが、ペルシア戦線に出かけた痕跡はない。

五五九年にフン族が帝都に迫る事件があった。老齢のベリサリオスが召し出され、首都防衛の任を受けた。わずか三〇〇の兵士、市民らを率いて、見事二〇〇〇のフン族部隊を撃退したことから、その声望がさらに高まったという。それは他の高官たちの妬みをもたらす結果ともなり、皇帝暗殺計画に連座させられ一時(五六二～三年)有罪判決を受け、自宅に軟禁された。名誉回復後、五六五年三月に死去した。おそらく享年六五歳だった。

著述家プロコピオス

ユスティニアヌスの治世を語るに欠かせないもう一人の人物がプロコピオス(五〇〇～五六〇年頃)である。ユスティニアヌスやテオドラ、また将軍ベリサリオスらの事蹟を伝える史料は少なくない（巻末参考文献参照）。これらの執筆者のなかでも特にプロコピオスはユスティニアヌス帝期の東ローマ帝国を知る上で、最重要史料となる著述群を残したばかりか、彼自身がユスティニアヌスやテオドラ、ベリサリオスと直接、いやむしろ緊密といってよい関係をもったからである。

プロコピオスは、カエサリア出身。将軍ベリサリオスの遠征（対ペルシア、対ヴァンダル、対東ゴート）に随行した行政官だった。その実体験をもとに執筆したとされる主要著作が三つある。

まず、八巻から成る『戦史』。同書は、第一〜二巻が対ペルシア戦、第三〜四巻が対ヴァンダル戦、第五〜八巻が対ゴート戦および対諸族戦線について記す。トゥキュディデス▲以来の叙述伝統に沿って執筆されたギリシア語による浩《こう》瀚《かん》な歴史作品であり、傑作といってよい。

『戦史』と並ぶ主著とされるのが『建築の書』である。同書は、ユスティニアヌスの建築事業をすべて記述し、称讃した書物だった。この書を手に、われわれはビザンツの故地を訪ねてもよい。六世紀までの各地の事情とともに、ユ

▼トゥキュディデス（前四六〇頃〜三九五）　古代アテネの歴史家。ペロポネソス戦争を実証的に記す『歴史』を著した。同戦争に一時将軍として参戦したが失脚、追放されて、スパルタ領内にも滞在した経験から、両国事情を客観的に伝えている。また歴史上の人物に語らせる手法が特徴である。

▼ユスティニアナ・プリマ　現在のセルビア共和国ヤブラニツァ郡ツァリチン・グラード。五三五年に建設された東イリュリクム地方の都市。テッサロニキ大主教座から切り分けられて独自の大主教管区が設定された。ドナウ北岸から侵入したアヴァール人の侵攻を受けて、六一五年に住民が退去し、捨てられた。

スティニアヌスが建てさせた建造物について詳細に知ることができる。皇帝が出身地から遠くない場所に壮麗な町ユスティニアナ・プリマ▲を建設したことを伝えているのも、この書である（後述第五章）。

以上の二書（『戦史』『建築の書』）は、ユスティニアヌスの事蹟を顕彰しながら事実（出来事、事物）を語る第一級の歴史書といってよい。近代の歴史家はみな、その史料的価値について最大級の賛辞を惜しまない。

これらに対し、プロコピオスの第三の主著『秘史』（『アネクドタ』）は、いささか趣が異なる稀書であった。

まず内容であるが、著者プロコピオスが自ら見聞したという皇帝ユスティニアヌスと皇妃テオドラ、また将軍ベリサリオスとその妻アントニナの行状（悪行）を暴露している。虚実ない交ぜの記事内容と考えるのが普通で、歴史研究のための史料とするには慎重を要する、と研究者は口を揃えて判定する。

ついで記述のあり方。史料的価値についての議論を脇におくと、『秘史』は読み物としては格別の面白さを示す「傑作」といってよい。少なくとも私などは、ギリシア語読本として無類の好奇心をかき立てられたものだった。

「人間の皮をかぶった悪魔」ユスティニアヌス。「悪逆非道の女帝」テオドラ。『秘史』は、ユスティニアヌスやテオドラをそう酷評する。皇帝、皇后の手によって殺害された犠牲者の実例を挙げながら、二人がいかに悪辣な性質をもち、恣意的な権力行使をして、殺人、破壊、また浪費を重ねたか、を描いている。そして、その酷評は、彼らの忠実な手先として働くベリサリオスとその妻アントニナにも及ぶ。

彼のパトロンであったはずの皇帝と皇后。また、長年にわたり仕えたベリサリオスについて、これほどまでに個人的視点からあげつらう筆致は、ビザンツ史のなかで類例をみない。プロコピオスはなぜこの書を執筆したのか。

皇帝、皇后、また主人たるベリサリオス夫妻に相当の恨み、憎しみ、嫌悪、反感があったと思うのが常道であるが、成り上がり者ユスティニアヌスに対する嫌悪感があった、との説もある。確かに、帝都となって二〇〇年にも及んでいたコンスタンティノープルには、名門と呼んでよい家門も少なからず存在したから、一代で皇帝にまで上り詰めた農民出身のユスティニアヌスに対する反感はあったにちがいない。

また、長年にわたり仕えた主人ベリサリオスが、ヴァンダル、東ゴート両戦役で功績があったにもかかわらず、皇帝から冷遇されたこと(不敬罪で罷免、財産没収)、主人と敵対する宦官ナルセスを厚遇したことで、ユスティニアヌスに対する憎しみを強めた、とも考えられている。他方、ベリサリオスに対する辛辣な筆は、彼が皇帝のいうがままになっていた不甲斐なさへの反発と考えられなくもない。

以上のような『秘史』であるが、プロコピオスの著述が、全体としてユスティニアヌス帝期の事情を知る上で重要な史料であることはまちがいない。著者プロコピオス自身が、従軍する官僚であったことから、帝国支配の実態をかいま見せてくれる貴重な窓であった。

②—法典編纂とニカの乱

当時の国際状況

ユスティニアヌス治世の事績を考える場合、その直前のユスティヌス帝期に帝国がどのような状況にあったかを概観しておくことが有益である。

五～六世紀のビザンツ帝国にとって何より重要だったのは、東方におけるササン朝との関係だった。コンスタンティヌス大帝がコンスタンティノープルに遷都(三三〇年開都)したのも、ユリアヌスが戦死して夭折した(三六三年)のも、ササン朝との国境争いからだった。

ペルシアとは五〇五年に休戦協定が結ばれていた(三章参照)。しかし散発的な衝突も発生して、この協定の効果は薄かったようである。

五二四年、ササン朝のカワード▲は、ユスティヌスに、三男ホスローを養子にしてほしいと申し出た。ペルシア国内の内紛を避け、ホスローを確実に自身の後継者としておくための申し入れだった。しかしその提案をビザンツ側が拒否すると(四六頁参照)、以後、両国の関係は悪化し始めて、国境地帯での攻防戦

▼**カワード**(四七三～五三一) ササン朝第二十代君主(在位四八八～四九六、四九八～五三一)。帝国の衰亡傾向を食い止めるべく諸改革を導入、息子のホスローの治世で完成した。ビザンツ帝国とラジカ地方の支配等をめぐり開戦した。

が再び起こり出した。ローマ軍は、ラジカ▲、またイベリアとの国境付近にある二つの要塞、スカンダとサラバニスを占領した。またアルメニア▲にも進軍し、略奪をおこなっている。

　当時のローマ、ペルシア国境地帯は、両者に従う小国が点在していた。ラジカの王はペルシアの支配を嫌い、ユスティヌスの保護下に入り、キリスト教の洗礼を受けた。イベリア（現ジョージア）の王もカワードの支配を嫌い、ローマ皇帝の庇護を求めた。ところが、これによりゲオルギアはペルシア軍の攻撃を受け、王は一族共々コンスタンティノープルに亡命、これによって同王国領はペルシア領となった。

　黒海の北岸、クリミア半島地帯では、アゾフ海近辺に住むオノグール族、黒海とカスピ海のあいだに展開していたサビール・フン族があり、彼らが南下し略奪を重ねていた。フン族による帝国内での略奪行為を防ぐことができず、ほぼ日常化していた。アラビア半島では、アラブ人同士のなかで、ビザンツ派のラハミ族と、ペルシア派のガッサン族が争っていた。

　帝国西方のバルカン、イタリア情勢も、ゲルマン諸族国家の興亡で忙しかっ

▼ラジカ(Lazic)　黒海東岸のビザンツ期における呼称。古代ギリシア期にはコルキスと呼ばれた地方とほぼ一致する。南東部でイベリアと隣接した。

▼アルメニア　現在のアルメニア共和国とは異なり、地中海に面するキリキア地方を中心とする歴史的大アルメニアを指す。

▼コリントス　ペロポネソス地方にある都市。アッティカとペロポネソスを繋ぐ交通の要衝。五世紀に北方の「蛮族」からの防衛のため石壁が築かれた。それは、長さ約六マイル(一〇キロメートル)に及び、エクサミリオンと名づけられた(エクサはギリシア語で六の意)。

▼デュラキオン　現アルバニアのドゥラス。アドリア海に面する天然の港湾都市で、古代ギリシア人によってエピダムノスとして建設された。ローマ・ビザンツ時代にはコンスタンティノープルまで続くエクナティア街道の起点だった。

▼アナザルボス　現トルコ共和国

たが、これについては後述する(六一頁以降参照)。

なお、前々帝アナスタシウス一世治世以来の出来事として、度重なる自然災害が帝国を襲っていたことは銘記しておく必要がある。

ユスティヌス一世時代には、五二二年にコリントスやデュラキオンで、五二五年にアナザルボスで大きな地震が起こっている。エデッサでの大洪水があったのは五二五年(四月二十二日)だった。他方、同じ五二五年にはパレスティナ地方で干魃と飢饉があり、イェルサレムで水不足、バールベックではソロモン神殿に落雷があって、建物が焼失した。同年十月には、アンティオキアで大規模な火災が発生、翌五二六年の五月二十九日には同市で大地震が起こった。一連の自然災害に加えて、馬車競技場のファクション(党派)同士で争乱が続いてもいた。五二二〜五二七年にかけて青組と緑組が乱闘を繰り返したことが知られている。

ユスティニアヌスが単独統治をおこない始める前夜、ビザンツ帝国は自然災害を含めていささか騒然としていたのだった。

キリキア地方にあるアガチリ。前一九年に標高二〇〇メートルのアナザルボス山とふもとの平地が都市化された。三世紀よりタルススと並ぶ都市として繁栄。馬車競技場、劇場、水道、凱旋門、教会などの遺構が残る。十字軍の戦火で破壊された。

▼**エデッサ**　メソポタミア北西部の古代都市。現トルコのウルファ。ハラン平原に位置し、アナトリアからメソポタミア北部へ通じる交通の要衝として栄えた。

▼**バールベック**　レバノン東部にある古代遺跡。ベイルートの北東約八五キロメートル。一世紀に建設され、ユピテル、ビーナス、バッカスを祀っていた代表的なローマ神殿。キリスト教化とともに衰退した。

▼**アンティオキア**　セレウコス朝シリアの首都であり、同朝が滅亡した後もローマ、アレクサンドリアにつぐ地中海世界第三の大都市として栄えたヘレニズム都市。

▼**ファクション**(党派)　青組、緑組(三五頁注)を参照。

ユスティニアヌス治世初期

三八年にわたるユスティニアヌスの治世は、皇后テオドラが逝去するまで(～五四八年)の二一年間(四五～六六歳)と、それ以後の一七年間(六六～八三歳)とでは様子がいささかちがう。

治世前半は、政治的影響力の強かった皇后の活躍もあってか、内政、外交(対外戦争)両面で大変エネルギッシュな動きがあった。ところが、テオドラ逝去後には、それまでの積極的な政治的活動が見られなくなる。むしろ、神学的活動、あるいは瞑想にも似た静謐が基調となっていった。

ユスティニアヌスの皇帝即位(五二七年八月一日)は、目立った混乱もなく実現された。高位高官たちから共同皇帝として選出されたとき(同年四月)にも、何の抵抗も見られなかったのだが、プロコピオスは、この選出が周到な脅しの結果だった、と記している。ビザンツ帝国では、親族による帝位の継承(王朝観念)は原理的に保証されていなかった。つまり、必ずしもユスティヌスの甥である彼が皇帝に選出されることは自明ではなかったのである。

ただ、ユスティニアヌスの場合、ユスティヌス治世における活動実績が、彼

▼**サマリア人の反乱**　サマリア人は、今日まで存続するユダヤ教徒の一派。サマリアはパレスティナの一地方で、この地の住民(サマリア人)は独自の信仰をもっていた。四八四年、ゼノン帝(在位四七四〜四九一)にキリスト教への改宗を迫られ、拒絶のすえに虐殺される事件があった。彼らは五二九年に独立国家を建てようとローマ帝国に反乱し、ユスティニアヌスはガッサン朝の助けを借りて彼らを打倒、数万のサマリア人を殺害し、生き残った者を奴隷とした。

の即位にあたってプラスに作用していた。ユスティヌスの養子となったこと、皇帝の摂政となったこと、数々の爵位を帯びたこと。これらの事実によって、ユスティニアヌスには権力に登り詰める道が開かれていた。続く治世当初の数年間を通じて見ても、権力者としてのユスティニアヌスにあからさまな抵抗はなかった。宗教政策的な諸施策により五二九年にサマリア人の反乱▲が起こっているが、この暴動もパレスティナ地方に限られたものだった。それが、ユスティニアヌスの皇帝としての正当性を揺るがすようなことはなかった。

単独皇帝となってその前半治世で目をひくのは、矢継ぎ早になされた施策だった。法典編纂事業、また、対ヴァンダル王国、対東ゴート王国、そしてユスティヌス時代から継続していた対ペルシア戦での攻勢などである。また対外戦争とも関連するがバルカン地方を中心に多くの都市・要塞を建設した。一方でこの時期には、ニカの乱も起こった。これはユスティニアヌスの権力基盤を揺るがす大事件となる。

以下では、まず法典編纂とニカの乱について述べよう。対外戦争については、多端であったので、章を改めて経緯を辿ることとしたい。

ローマ法典の編纂

ローマ帝国は、ユスティニアヌス治世までにすでに一大法令群を有していた。ただ、各勅令を現行法として扱うことは困難を極めていた。古法があり、元老院が定めた法や勅法があって、それらはしばしばすでに廃れたものだったのである。また、二世紀以来の皇帝立法、つまり「新法」があった。錯綜する法の残存状況に加えて、これらの諸法は、常に主旨が一致しているわけでもなかった。また、法学者たちも、それらの解釈に当たってさまざまな見解をとっていた。当然ながら、これらの諸法を再編成しようという試みは、それまでも多くおこなわれていた。すなわち『グレゴリアヌス法典』▲『ヘルモゲニアヌス法典』▲、ついで『テオドシウス法典』▲が三一二年以降に発布された諸法を集成していた。

五二八年二月十五日、ユスティニアヌスは、カッパドキアのヨハネスを主査とする委員会を設立した。ユスティニアヌスは、この委員会に法典を作成するよう指示した。翌年『ユスティニアヌス法典』(Codex Justinianus)が成立する。同法典は、先行する三つの法典に採録された諸法を体系化し、簡素化している。そして、『テオドシウス法典』編纂後に公布された法をつけ加えた。五三四年

▼**『グレゴリアヌス法典』**　一三〇年代から二九〇年代にかけて公布されたローマ皇帝勅法の集成。二九一～二九四年頃に編纂されたとされ、呼称は編者の名に由来する。当時の文書長官の名をとってこう呼ばれる。第一回テトラルキア(四分統治)が始まって発布された皇帝勅令を集成したもの。法実務の現場で利用されることを目的とした。

▼**『ヘルモゲニアヌス法典』**　第一次四分統治期(二八四～三〇五年)の皇帝勅令の集成。特に二九三～二九四年に発布された勅令を多く含む。ディオクレティアヌス帝(東正帝)政府に勤務した文書長官ヘルモゲニアヌスが編纂した。完全なかたちでは伝来しておらず、エジプト出土のパピルス文書として断片が伝わる。『ユスティニアヌス法典』が編纂される六世紀まで、『グレゴリアヌス法典』とともに帝国法を参照する際の定本となった。

▼**『テオドシウス法典』**　三一二年以降に発布されたローマ皇帝勅令の集成。全一六巻。テオドシウス二世の命により編纂され、四三八年公布。

には改訂版が編まれ、これは全一二巻から構成されて、ハドリアヌス帝以来の諸法を選択的に集めたものとなった。

五三〇年、トリボニアヌスを主査とし、六人のイルストリ▲位階者から構成されるもう一つ別の委員会が設置された。この委員会は、ローマ法学者の諸見解を収集し、要約する任務を負って、五三三年十二月に『学説彙纂《がくせついさん》』(Digesta)を公刊した。この学説集成は、ギリシア語では『パンデクテン』と呼ばれ、全一五二八巻、三〇〇万行におよぶ閲読作業を経て、全五〇巻、四三二章、一五万行にまとめ上げた。ユスティニアヌスは、法に注釈を加えることを許さず、これが法集成の決定版となることを期待していた。ただし、索引と要約、またギリシア語への文字の翻訳は許した。『学説彙纂』に対して許されたこの原則は、おそらく法大全の全体にも適用されていたと考えられている。

同じ五三三年十一月二十一日には、学生が使用するマニュアル『法学提要』(Institutiones)が公布・施行された。二世紀の法学者ガーイウス▲が作成したとされる『法学提要』と同名だが、新しい『法学提要』は、ベイルートに加えてコンスタンティノープルにも開設された法学校▲での教科書であり、また帝国行政

▼イルストリ　後期ローマ、ビザンツ帝国での爵位序列の一つ。

▼ガーイウス　二世紀ローマの法学者。当時の法学者はほとんどが立法または実務に携わっていたが、ガーイウスは専業の法学教師で無名な存在だった。学生への教授のため、ローマの私法体系を簡略にまとめた『法学提要』四巻を著した。後にテオドリック大王が発布した東ゴート王国の法典は、主要法源の一つとして『法学提要』を利用したと考えられ、『ローマ法大全』編纂の一環として新しい『法学提要』の作成が命じられたことで、ガーイウスの名はローマ法の歴史上著名になった。

▼法学校　新たに設定された第一学年の学生は「ユスティニアニ・ノヴィ」(Iustiniani novi)と呼ばれた。この改革は、古典古代を表看板にして、これを崇敬し再興させると主張している。正統的で古典的な言葉をまとってもいたが、実のところ全体としてたいへん革新的だった。法典は壮大で実用的ではなかった。それはおそらくコンスタンティノープル以外ではあまり使われなかっただろ

に携わる実務官僚が参観する書物となった。

ただ、ユスティニアヌスの法制事業はこれで終わっていない。歴代皇帝と同様、ユスティニアヌスも独自の新法を五三五年以降たびたび発布した。一連の新法は、彼の治世の事情を踏まえて旧法を補完し、改正したもので、早くも五五五年には、それまで発布された新法が初めて取りまとめられた。これは、一二四のギリシア語で発布された新法の、ラテン語要約を含む集成▲だった。

ユスティニアヌスは、法学教育も再編した。アレクサンドリアとカエサリアの法学校を、水準が不十分との理由で閉鎖した。そして、法学教育をベイルートとコンスタンティノープルに集中させた。彼はまた法研究を再編成し、法教育は四年間の課程に再編された。

以上が全体として、十六世紀になって『ローマ法大全』と呼ばれることになる。ローマ法典の継受問題はなお解明されるべき点が多いが、西ヨーロッパにおいては十一世紀のイタリアで「発見」され、叙任権闘争に際しては教会法に則して議論する教皇派に対する皇帝派の理論的武器庫となった。この中世における政治闘争を経て、『ローマ法大全』は、近現代ヨーロッパ諸国、特にドイ

う。シリアやエジプトなどの属州では、町の法廷での調停が好まれ、仲裁人として司教が利用されていた。一世紀後、法典はオリエントでも忘れられていた。法典は、十一世紀にイタリアで再発見される。この出来事は、そもそもこの時期以降、またとりわけルネサンス期における西欧での法の復活であった。そして法典は、ユスティニアヌス没後の栄光を高めるのに与って大いに力があったのである。

▼集成　これより後代、ティベリオス二世(在位五七八～五八二)のもとでもう一つ別の新法集成が、五八二年までに編纂された。これには一六八個の新法が含まれている。さらに五五六年に、第三の集成作業がなされてもいる。これはイタリアに適用されるべく発布されたもので、ギリシア語テキストと、その忠実なラテン語訳からなる一三四の新法が含まれていた。

ツやフランスにおける法の基礎となった。

ニカの乱

ユスティニアヌスが単独皇帝となって四年あまりが過ぎた年の五三二年一月、ユスティニアヌスの権力を根底から脅かす事件が起こった。

場所は、帝都コンスタンティノープル、しかも大宮殿に隣接する馬車競技場▲の周辺である。「ニカ」(Nika)とは、ギリシア語で「勝利者」を意味する。暴徒化した民衆がいわばシュプレヒコールとしてあげた掛け声に由来して記録されることとなる事件であった。

ことの端緒は、「青組」「緑組」という馬車競技場のファンクラブのあいだで生じた単純な衝突だった。しかしそれは、実に深刻な「市民」の不満のあらわれとなって、為政者であるユスティニアヌスに向けられる大事件となったのである。

この事件についてプロコピオスは、カッパドキアのヨハネスがおこなった財政施策に、原因の一端を求めている(同様の意見は偽ザカリアス▲にも見られる)。また、マララスは、五三〇年に起こった自然災害(群発地震、飢饉)が、食糧危

▼馬車競技　馬車競技が東方にもたらされたのは遅く、四世紀以前ではなかった。しかしそれは、伝承されるや、それまで競技場でおこなわれていた剣闘士競技と本来の意味でのスポーツ競技の両方に取って代わった。これらの古来の競技は、それを組織した団体とともに消え去った。

▼偽ザカリアス　パレスティナのガザ近郊で生まれミティレネ司教となったザカリアス(四六五頃〜五三六以降)は、ギリシア語で『教会史』を著した。これは単性論の立場から記された作品で、彼自身は四五〇〜四九一年までの出来事を執筆したとされる。現在残る写本はシリア語で書かれたもので、五六九年に、ある修道士によって全一二巻で書かれた。本来のザカリアスによる執筆部分は三〜六章として含まれる。その他の部分、つまりユスティニアヌス期に関する記述は、この無名修道士により執筆されていることから、偽ザカリアスと呼ばれる。

機を引き起こし、これが遠因だったと示唆している(ローマノス・メロードスにも同様の示唆は見られる)。他方、この暴動に元老院身分の一部が加担し、アナスタシオス帝の一族の者に皇帝をすげ替えようとの試みがあったことから、貴族身分の一部には、ユスティニアヌスに対する確固たる抵抗が潜在的にあったことが明らかともなった。古い貴族身分の者たちにとって、ユスティニアヌスは、なおもって成上り者と見なされていたのである。

ファクションは政治組織か?

ニカの乱の顚末を紹介する前に、皇帝と市民との政治的関係を考える上でも重要な存在だった帝都コンスタンティノープルにおけるファクション(党派)について触れておこう。

財政規模がある程度大きかったローマ帝国の都市には、馬車競技場が造られていた。そこは、市民が娯楽を共有し、帝国内の政治情勢や、遠方の出来事について情報交換する機会を提供する重要な場だった。

コンスタンティノープルの馬車競技場は、ローマのキルクス・マクシムスよりも小規模だったが、それでも収容人員は五万を数えた。帝都の名にふさわしく装飾され、大宮殿と連接していた。宮殿と直結する皇帝の座所が設営され、皇帝が「市民」と対面し、対話する場でもあった。そこは、何よりもまず馬車競技のための娯楽施設であった。しかし、馬車競技を皇帝が後援したので、そこは皇帝と市民との政治的対話の空間（舞台）となっていたのである。

馬車競技は、青、緑、赤、白の四チームによって競われた。それぞれのチームに、大勢の市民がファンとして連なりファクションを成していた。ファクションは、本質的には馬車競技チームのファン団体▲だった（ちょうど今日のサッカーのファン集団のようなものである）。ある程度組織化されて、政治要求をする市民団体となっていた。皇帝、皇后、皇族たちが臨席する政治空間でファクションは、一定の式次第に従って、歓呼礼▲を発した。

競技は幾度となく中断されて、合間に外国の珍しい動物のショーや喜劇、活人劇、曲芸・軽業などが上演された。ビザンツ社会では、劇場もまた存続していた。教会が役者たちを破門してまで禁じ続けたものの、民衆の強い要望が絶えずあったからだった。古典演劇（悲劇、喜劇）の劇場はほとんど廃れて、神話

▼**ファン団体**　各組支持者はある種のサポーターであり、石製の観客席ではなく木製のベンチに各色が塗られ、その上に座っていた。

▼**歓呼礼**　皇帝讃辞の儀礼。十世紀編纂の『儀礼について』は、ユスティニアヌス帝期に確立されたとする形式を伝え、ヒポドロームほかでのファクションの役割を伝えている。儀礼参加者は、青組九〇〇人、緑組一五〇〇人。先導者に導かれて形式に則って皇帝礼賛をおこなった。

や日常生活から題材を得ていたマイムやパントマイムの上演が好まれた。

劇場にあっても、馬車競技場と同様、民衆は三つのファクションに分かれていた。これらのファクションは、劇場でも馬車競技場でも、元来、喝采を浴びせる存在だった。他方、彼らは、演劇や馬車競技のために曲芸師や芸術家、御者を提供しなければならず、人びとを集めるネットワークを有した。

古代ローマには、民衆が自らを表出しうる三つの場があった。政治集会、選挙、劇場である。六世紀のビザンツでは、そのうちの前二者が消失していた。帝国は、政治的党派や選挙なしでも権威ある帝国になっており、劇場と馬車競技場での意志表示だけが、民衆の意見表明をかろうじて可能としていた。ただ、これらの集団のなかに、近代的意味での民主権が発展した痕跡をみることはできない。ビザンツ皇帝がローマ皇帝のように市民的性格を示すこともなかった。皇帝が、民衆の要求に理解を示すことはもはやなかったのである。

史料に痕跡を残すファクションは、しばしば暴動や反乱、乱闘などの文脈で言及される。各組支持者は、ある種のフーリガンであり、暴動や騒動を引き起したのはそのうち少数の者たちだった。これらの暴動は、ほとんど一つの例外

（ニカの乱）を除いて、遊興的興奮や党派的熱狂に突き動かされていた。政治的動機によってはいなかったのである。それは、端的に物欲によっていた、といってよい。プロコピオスのテキストには、そのことが明確に述べられている。

民衆は、長いこと町々で、青、緑▲に別れていた。しかし、これらの名称、また、彼らが競技のあいだに占めるその名に対応した観客席のために、人々が金銭を浪費し、この上なく危険な肉体的暴力に身をさらし、もっとも破廉恥な死に臨むことをも辞さなくなったのは、そう古いことではない。彼らは、反対側に座る者たちと取っ組み合いをする。彼らは、自らを危険にさらす理由もなくそうするのである。……彼らは、暴動で相手を打ち負かしさえすれば、神をも人びとのことをも気にかけない。法律や国家が、仲間内や相手によって損なわれていても構わない。そして、たとえ国家が、生活物資に事欠いている場合でも、また、緊急事態に当面している場合でも、自分たちの党派がうまく行っていれば気にもかけないのである。

（『戦史』Ⅰ-二四）

▼**青、緑**　すでに述べたようにファクションは、青、緑、赤、白の四色のチームに分かれて、が競合していた。彼らはヒポドロームの特定の居場所をもち、独自の集会場所をもっていた。ただ、実際のところは、重要な二つの色集団を愛好する二つの党派、青と緑に分かれていた。これらのサーカス・ファクション（馬車競技場の党派）は、一定の政治的役割を果たしていた。

このテキストからうかがわれるファクションに、政治性を認めることはできない。また、もはや社会的相違について想起させられることもない。通説によれば、青組は貴族層（レンテン生活者、また都市周辺の農村部所領の所有者。彼らは都市の中心部、周辺部に居住した）と結びついていた。また、緑組は、より低い社会層（商人、職人。彼らは都市内の庶民街ないし都市外に居住した）と関係していたと考えられた。しかし、史料テキストがこの説を支えることはない。

宗教面での彼らの信条に関しても通説があった。つまり、青組がオーソドクスで、緑組が単性論派である、というものだ。しかし、これも同様に根拠がない。格好の反例はテオドラである。彼女は青組の支持者だったが、単性論者であった。諸史料を読むと、青と緑が、本質的に都市の「若者層」であったと見える。彼らは単に、異なるチームのサポーターという理由だけで、互いに反目し喧嘩をしていた、と思われ、政治的重要性を過大に評価することはできない。少なくともユスティニアヌス治世においてはそうだった。

ニカの乱の顚末

五三二年の一月になったある日、青組と緑組が乱闘を起こし、逮捕者が出た。コンスタンティノープル市総督▲エウデモヌスは、両党派の煽動者を逮捕させた。そして七人を死刑に処した（四人を打ち首、三人を絞首刑）。ところが、刑の執行に立ち会った群衆が脅威となり、死刑執行人が動揺し、青組の一人、緑組の一人が、まだ生きている状態で相次いで死刑台から落ちた。ただちに彼らは群衆によって近隣の修道院に連れて行かれ、修道士らによって両名はアジール▲に入れられた。市総督はアジールに立ち入れず、監視するしかなかった。

馬車競技は三日間にわたっておこなわれ、その間、群衆は断罪された二人の恩赦を求めたが、要求が汲まれることはなかった。最終日、一月十三日の火曜日、諸党派は連帯して馬車競技場を出ていった。

彼らは、「ニカ（勝利者よ）」▲と叫んで、市総督府に向かって進んだ。しかし、彼らの恩赦要求は拒否され、はねつけられた。民衆は強引に総督府に入り込み、数人の衛兵を殺害して、四人を解放し、火を放った。その後、彼らはアウグステオン広場方向に引き返し、カルキ門を焼き払った。そこから炎が元老院に燃

▼**首都総督**　コンスタンティノープルは、オリエント道管区長官の管轄圏から切り分けられ、独自の総督と行政機構がおかれた。

▼**アジール**　政治的避難所となった空間のこと。地中海＝ヨーロッパ世界では広く見られる。そこに逃げ込めば、権力者の追及も避けられた。

▼**「ニカ（勝利者よ）」**　通常は勝利者に向けられる歓呼だが、帝国役人に向けてのシュプレヒコールとなった。市総督府の所在場所については議論があるが、アウグステオン広場とコンスタンティヌス広場のあいだにあったことは間違いない。

▼**ブケラリオス隊**（皇帝親衛軍）
高位の者が自らを護衛させるために雇用した親衛隊を指す。皇帝の親衛隊のほかに、軍司令官などの高官が身近に高い戦闘能力を有する者を抱えるケースがあった。将軍ベリサリオスは、七〇〇〇人ものブケラリオス隊を擁し、遠征先で彼らの戦闘能力に依存していたという。ニカの乱においては、皇帝の親衛隊として、コンスタンティノープル市中を取り締まる警察的存在として登場する。


え移り、ハギア・ソフィア、また他の建物へと次々と広がっていったという。

翌水曜日、一月十四日にも馬車競技はおこなわれた。群衆は静まらず、彼らの要求は政治的様相を呈してきた。彼らは、エウデモヌスとオリエント道管区長官カッパドキアのヨハネス、また財務官トリボニアヌスの罷免を求めた。皇帝は譲歩し関係者を罷免したが、問題の解決にならなかった。群衆は、ユスティニアヌスとテオドラ、また長官らや多くの元老院議員たちがいた宮殿を取り囲み続けた。軍隊によって事態を打開させるべきかどうか。ユスティニアヌスらは思案したようである。皇帝は、正規軍にそれほど信頼をおいておらず、宮廷警護隊も信頼していなかった。頼みの綱はベリサリオス率いるブケラリオス隊▲だった。ベリサリオスは皇帝らを脱出させようとしたが、その際数人が殺害されている。この介入はほとんど功を奏さず、群衆をさらに興奮させるだけだった。群衆はあちこちに火を放ち続けることとなった。

十五日の木曜日、デモの参加者たちは、直接ユスティニアヌスに非難を向けるようになる。これにはおそらく、ユスティヌスの皇帝選出時に負けた一派の策謀を見て取る必要がある。群衆から、アナスタシウス帝の甥の一人を皇帝に就けようとする要求が出ていたのである。甥のうち二人、ヒュパティオスとポンペイオスが皇宮内にいた。群衆は、夜間のうちにアナスタシウスの第三の甥プローブスの館に向かった。しかし、プローブスは多くの元老院身分の者たち同様、すでにコンスタンティノープルを出ており、彼の館は火をかけられた。

十七日、ユスティニアヌスは宮殿内にいた多数の元老院身分の者たちに、宮殿を出るよう強制した。ヒュパティオスとポンペイオスは留まることを希望したが、それぞれの館に帰らされた。

十八日の日曜日、皇帝はカティズマ(ロイヤルボックス)に姿をあらわした。アナスタシウスがかつて反乱時にそうしたように、彼は手に福音書をもち、群衆をなだめようとした。群衆のなかに多くのシンパがいると見ていたのだが、どうにもならなかった。ユスティニアヌスが宮殿内に戻ると、群衆はヒュパティオスを探し始めた。彼らは、ヒュパティオスを肩に乗せてコンスタンティヌス広場に連れ出し、その意向に反して彼を皇帝と宣言した。多くの元老院議員たちがヒュパティオスのもとに集まった。ユスティニアヌスは逃げ出したという噂が流れたので、ヒュパティオスは馬車競技場に行き、皇帝が身につける緋

▼ヘラクレイア　ビザンツ帝国には同名の町がいくつか存在するが、ここではマルマラ海北岸の町を指す。古代のペリントス、現代トルコの町マルマラ・エレグリ。コンスタンティノープルから九〇キロメートルの距離にあり、コンスタンティノープルに総主教座がおかれるまでは、ここに府主教座があった。ユスティニアヌスはこの町の用水路や宮殿を補修していた。

▼「白布こそが皇帝の死に装束……」　プロコピオスの記事による。実は、シラクサの独裁的支配者ディオニシオスが述べたものに似た表現があり、テオドラの発言はその引喩であった。

色の着衣をまとって、カティズマに姿をあらわすことに同意した。

この間、ユスティニアヌスと随員たちは、とるべき行動について議論を交わしていた。ベリサリオスとブケラリオス隊の数人が、ヒュパティオスを宮殿からカティズマに通じる廊下を通る際に捉える作戦を敢行した。しかし宮廷警護隊が彼らの前に立ちふさがった。ユスティニアヌスは絶望し、直ちに逃げたいと思ったという。一艘の舟が宮殿の皇帝専用のはしけに用意され、ヘラクレイア▲に皇帝を連れて行く準備が整えられた。テオドラが次のように発して状況を変えたのは、まさにそのときだった。

「白布こそが皇帝の死に装束▲（死ぬ時は皇帝として死ぬ）、といういにしえの言葉が、私にはふさわしい。」

テオドラの介入が何であったとしても、そのときユスティニアヌスは踏みとどまった。緑組の一団が、宮殿のはしけに攻撃を加えているあいだ、ベリサリオスとムンドゥスは、ゴート族およびヘルリ族からなる麾下の軍団とともに宮殿から脱出、馬車競技場の二つの入口を占拠した。煽動者たちが群衆に紛れ込み、「ユスティニアヌス万歳」と叫び始めた。合図とともに、数個の軍隊が入っていった。そして、ナルセス麾下の別の一隊が逃げ出そうとする者たちを遮断しているなかで、その場に居合わせたすべての者を無差別に虐殺しはじめた。諸史料によると、犠牲者は三万、あるいはそれ以上であったという。

逮捕され、ユスティニアヌスのもとに連行されたヒュパティオスとその兄弟は、身の潔白を主張した。テオドラが思い止まらせなかったなら、皇帝は彼らに恩赦を与えたかもしれない。彼らへの刑の執行は翌日おこなわれた。彼らを支持していた元老院議員たちは追放され、彼らの財産は接収された(それらは、五三三年に返還された)。

ニカの乱後の容赦ない抑圧によって、その後長年にわたって反乱の気運は静められた。緑と青とのあいだの暴力沙汰も収まり、五四七年になるまで一五年間、事件は見られない。他方、両者の衝突を避けるために、馬車競技は五年間中止された。

もっとも、損害は計り知れなかった。一連の事件の目撃者であったヨハネス・リュドゥスは、次のように書き記している。「町はもはや黒ずんだ丘の塊でしかなかった。リパリやヴェスビオスのように、灰や煙、焼けた臭いが至る

▼リパリ　イタリア南部，シチリア島の北方海上にある火山島群。今日エオリア諸島ともいう。いまなお活発な火山活動をおこなっているストロンボリ島(ストロンボリ火山)や、「ブルカノ式噴火」の用語が生まれたヴルカーノ島(ヴルカーノ火山)が含まれる。

▼ヴェスビオス　イタリア・カンパニア州にあるヴェスヴィオ火山のこと。西暦七九年に起きた大噴火により、周辺の古代ローマ帝国の都市とその住人は一夜にして消滅した。大量の火山灰がポンペイの町に降り注ぎ、建物はその重みで崩落した。その後、激しい火砕流が山肌を駆け降りて町を焼き尽くし、さらに近くの港町ヘルクラネウムや近隣の町をも襲った。

ところに広がり、そこはもはや住むことができなくなっていた。その景観は、見る者に敬虔な気持ちが入り交じる恐怖心をもよおさせた」と。再建の大計画が立てられ、着手された。ハギア・ソフィアの再建は、二月二十三日以降に始まった（後述、九〇頁参照）。罷免されていたカッパドキアのヨハネスは、直ちに召還された（五三二年十月）。彼は、一〇年近くにわたりユスティニアヌスに仕え、その再建事業に貢献することになる。

③—防衛戦争——対ペルシア戦争

帝国の復興

ユスティニアヌスの三八年にわたる治世を特徴づけるもう一つの出来事は、対外戦争である。対ササン朝、対ヴァンダル王国、対東ゴート王国。数次にわたる戦役は、帝国の威信をかけた戦いだった。

ユスティニアヌスの情熱が向かった先は、何よりも彼自身がその歴史を知る「ローマ」だった。これは、西方への再征服戦争(対ヴァンダル戦争、対東ゴート戦争)において顕著に見られるモチーフである。彼は、企図した遠征が、かつて我がものであったローマ帝国を輝かしい状態のうちに再興するためのもの、と考えた。いわく、「諸属州が『身体と精神の敵』である蛮族どもの手にあり、取り戻さねばならない。キリスト教の帝国は唯一の信仰、正しい信仰、つまりオルトドクスを信奉しなければならない」と(『ユスティニアヌス法典』一・二七)。もっとも、これは史料として彼自身が起草された勅令からうかがい知るところであって、いわば後口上ではあった。しかしそれは、ユスティニアヌスが「帝国の復興」(Renovatio Imperii)を意図したことの証左と考えられる。

このモチーフは、対ササン朝戦にも看取される。ただ、四世紀以来のペルシアとの関係は、むしろ国境防衛という実利的な側面が強かった。北アフリカ(対ヴァンダル)、イタリア(対東ゴート)での戦いは次章にゆずるとして、本章ではササン朝との戦いを概観したい。

ペルシアとの国境戦

ユスティニアヌス期の対外戦争は以下のように展開した。

ササン朝ペルシア戦(第一次。五二七〜五三二年)

ヴァンダル王国討伐(北アフリカ征服、五三三〜五三四年)

第一次イタリア戦役(第一次東ゴート戦、五三五〜五四〇年)

ササン朝ペルシア戦(第二次。五四〇〜五六二年)

第二次イタリア戦役(第二次東ゴート戦、五四一〜五五四年)

東と西に対する対外戦争が、ユスティニアヌス治世を特徴づける出来事だったことは容易に理解されるだろう。

ササン朝との戦いは、前述の通り国境防衛のための戦いだった。両者は、四世紀以来、メソポタミアからコーカサスにかけて戦闘を繰り返してきた。そこは、古代アルメニアの領域を横断していて、大半はペルシア領に、しかし西側の四分の一がローマ属州に組み入れられていた。

ユスティニアヌスが即位したとき、この国境地帯は平和だった。五〇六年にペルシアのカワードとアナスタシウス帝が七年間の休戦協定を結んでいたのだったが、当時もなお休戦状態が継続されていたのだ。

新たな戦争への予兆は、ラジカ王国▲によってもたらされた。レオン一世時代(四五七~四七四年)にビザンツが同国を放棄して以来、歴代の王はペルシアに従属していた。五二二年、同国で即位したツァト王▲は、ササン朝のカワードではなくユスティヌスに認証を求めて、ビザンツの属国となった。ツァトは、ユスティヌス一世に謁見し、洗礼を受け、キリスト教徒の妻ヴァレリアナを得ている。この同盟はビザンツ帝国と連携していた近隣諸族(アピリシア族、スバネ族)との同盟をももたらした。ラジカ王国との外交関係の断絶にササン朝のカワードは抗議したが、戦端が開かれることはなかった。

▼ラジカ王国　ペルシアに黒海への出口を提供する地政学上重要な地帯にあった。また、コーカサス北部にいた好戦的なフン族などとの緩衝地帯となっていた。

▼ツァト王(在位五二一~五二七/八)　父王ダムナツェスの没時にササン朝への帰順とゾロアスター教の信仰を拒んだ。コンスタンティノープルに赴き、ユスティノス一世に謁見した。

▼ユスティヌスの養子　カワードは、「ローマ法」による皇帝の養子とすることを望んでいた。

前述したように、カワードは寵愛する息子のホスローを後継者にしたく、国内反対勢力からの暗殺を恐れて、ユスティヌスの養子▲としてコンスタンティノープルに送ることを目論んでいた。この件で数度にわたる交渉がおこなわれ、ビザンツ側はホスローを「軍団によって」養子とすることを提案した。これは、ゲルマン諸族とのあいだで王の息子たちを「人質」にとる際におこなわれていた仕方だった。しかしペルシア側の望む「ローマ法による養子」の場合、帝国を簒奪される危険があると、ビザンツ側の財務官プロクロスが主張し、皇帝も同意せざるを得なかったのである。

このことにカワードとホスローは憤激した。加えて、コーカサス地方にキリスト教連合ができること、またラジカ王国内でビザンツ軍司令官がいくつも要塞を築いていたことへの敵意もあった。この情勢下で、五二六年、ペルシア人がイベリア地方（現在のジョージア）でキリスト教の儀礼を妨害し、ジョージア王グルゲンがペルシアに反旗を翻して、ラジカに逃れる事件が起こった。これにより長らく続いた休戦は終わりを告げることとなる。

休戦交渉はなおも続けられたものの、ユスティニアヌスは戦争の準備を進め

●五〜六世紀のローマ＝ペルシア国境地域

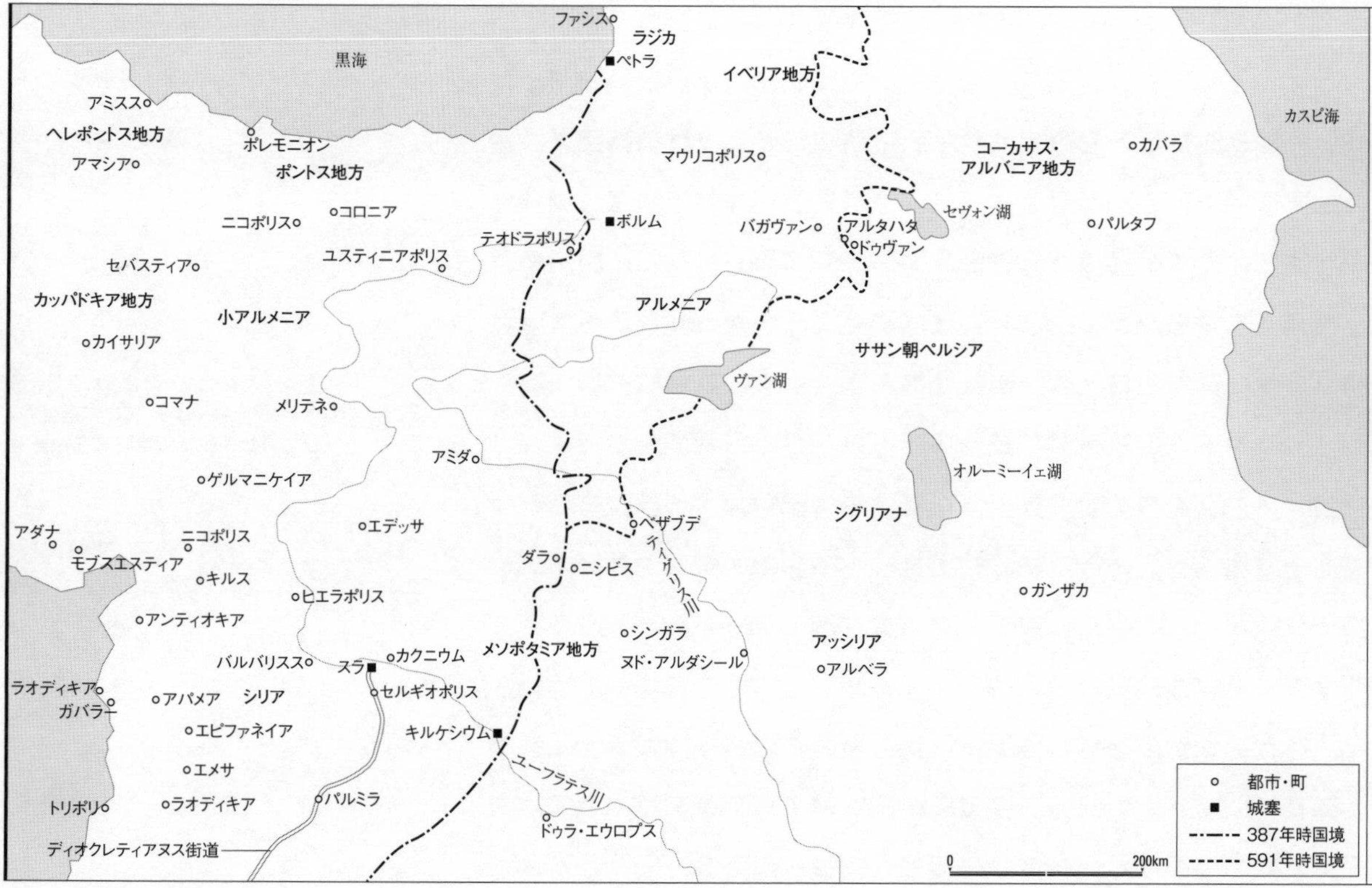

させており、この段階で東部の軍団を再編成している。オリエント道管区軍とアルメニア管区軍の管轄を再編し、属州「大アルメニア」を創設した。また、管区軍司令官配下の司令官を増設し、各地に要塞建設も命じた。

五二八年春になって、ラジカとメソポタミアで反ビザンツ運動が起き、特にラジカで優勢となって、同地はペルシア側に帰趨した。ビザンツ側はオリエント道管区から援軍を派兵する。戦闘が発生したものの、帰趨が定まらず、冬になる前に一応の休戦状態になった。五二九年三月に、ペルシア側がアンティオキアまで急襲をおこない、このとき大量の捕虜が連れ去られている。▲

五三〇年にかけてベリサリオスが派遣され、この年はビザンツ側の勝利が記録される。ダラの戦いでペルシア側は八〇〇〇の兵を失い、ビザンツ側の大勝利を記念して、ユスティニアヌスの騎馬像が建てられたという。その後もビザンツ軍の勝利が続き、年末にかけて、ビザンツ皇帝の密使が派遣されて新たな条約も同意された。ところが、ペルシア側の国内の政治情勢からカワードはこれを拒否することになる。

五三一年春の遠征は、勝敗が交錯した。カリニコンの戦い▲(四月十九日)では、

▼大量の捕虜が連れ去られている この捕虜には、カワードが自らの神の一つに捧げることになる少女四〇〇人が含まれていた。

▼カリニコンの戦い この戦いでの敗北によりベリサリオスは軍司令官を更迭され、帝都に戻されて、代わりにムンドゥスが指揮をとることとなった。

ベリサリオスが率いる二万の軍勢が、一万二〇〇〇のペルシア軍に敗れた。他方、北方のアルメニア戦線では、現地の司令官が勝利を重ねていた。同年九月十三日。カワードが亡くなると、再び休戦交渉となった。これには、西方での再征服戦争の準備に入っていたユスティニアヌスの思惑が作用していたようである。北アフリカへの派兵は、後述の通り五三三年六月からである。

他方、カワードの後継者ホスローは、内政問題、つまり他の後継候補者との権力闘争、また外交問題、すなわちペルシア北・東国境部での諸部族との関係を解決する必要があった。このことから、ユスティニアヌスとのあいだで、翌五三二年九月に「永久平和」条約が調印されることとなった。

この条約により、互いの征服地は返還され、ラジカはビザンツ側へ、イベリアはペルシア側へ戻された。

第二次ペルシア戦争（五四〇～五六二年）

「永久平和」条約は一二年間続くことになる。

この条約により、ビザンツ皇帝は、五〇六年に締結されていた負債（二〇年

▼**リトゥラ**　ディオクレティアヌス帝以来のビザンツ帝国の貨幣重量単位。一リトゥラは、約三二四〜三二六グラム。これを規準にして、ソリドゥス金貨が七二枚打造された。つまり一ソリドゥス貨は、約四・五グラム。

▼**ウィティギス**（在位五三六〜五四〇）　東ゴート第五代の王。ビザンツ皇帝から認証された者としては最後のイタリア王。五四〇年、ベリサリオスによってラヴェンナが陥落すると、アマラスンタとともにコンスタンティノープルに捕虜として送られた。

間にわたり、年賦払いの約束）を再び支払わねばならなくなった。つまり金一万一〇〇〇リトゥラを毎年支払うこととなった。しかしこの平和条約によって、ペルシアがコーカサス地方の監視を保証し、それにより北方の蛮族たちの侵入を止めることとなったから、ビザンツ側にも有益な選択となっていた。また、この条約は、メソポタミア、ユーフラテス、シリア、アルメニア、カッパドキアの各地方の都市を要塞化することを禁ずるものでもなかった。ユスティニアヌスは、これらの東部地域に一二の要塞を再建させている。

第二次ペルシア戦争は、ホスロー一世によって始められた。ホスローは、五三九年時点で三八歳。若く、行動的でもあり、「永久平和」条約締結後に権力基盤を固めていた。ビザンツ帝国への領土的野心はなかったとされ、帝国内の富の略奪を狙っていたとされる。

この時期、ビザンツ帝国軍はイタリアで忙殺されていた。五三九年、東ゴート王ウィティギスからホスローのもとに使節が派遣されている。ヴァンダルを征服したユスティニアヌスが、ついでイタリアを手にしたからには、続いてペルシアの安全を脅かすにちがいない、と伝える使者だった。

五三九年末、ユスティニアヌスは大使をホスローのもとに派遣する。「永久平和」条約の遵守を求める書簡を携えていたが、これ以来、ユスティニアヌスのホスローへの態度は、東部国境戦線への戦力投入が不十分であったことをうかがわせている。

五四〇年三月、ホスローは大軍をもってビザンツ領に侵攻した。まずスラを攻略し一万二〇〇〇人を捕虜にした。オリエント道管区軍司令官ブゼスは、わずかな軍勢しかなく動けなかった。ユスティニアヌスは、従弟のゲルマヌスをブラケリオス隊とともに出動させるが、その数わずかに三〇〇騎にすぎなかった。ヒエラポリス、ベレアなどの諸都市が攻囲され、黄金と引き替えに撤退をすると交渉させたが、支払いが不十分だったので、ベレアは破壊されている。六月になるとアンティオキアが包囲された。総主教エレフムがゲルマヌスとともに交渉したが、決裂。住民らは勇敢に防衛したものの、町は占領された。虐殺がおこなわれ、略奪がなされ、生き残った三万の住民がペルシアに連行された。ホスローは、彼らが暮らしていけるように、クテシフォン近くに新しく町を建設させたという。

ホスローは、街道筋の諸都市、アパメア、カルキス、エデッサ、カッラエ、コンスタンティナを押さえ、ユスティニアヌスの使者に和平の条件を突きつけた。ただちに金五〇〇〇リトゥラを支払うか、あるいは永久に年五〇〇リトゥラを支払うか、というものだった。ユスティニアヌスはホスローに和平条件を受け入れる用意がある旨を書き送ったが、ホスローが最後に攻めたダラを落とせず、銀一〇〇〇リトゥラとの交換で帰還したので、この条件を再考している。

ホスローはその後も三度にわたりローマ帝国領にペルシア軍を侵入させた。五四一年にラジカ、五四二年と五四三〜五四四年にローマ領内に、である。

五四〇年におけるペルシア軍の勝利によって、ラジカ王国での同盟関係に変化が起こっていた。ラジカの王グバゼス▲は、同地に派遣されていたビザンツ軍司令官ツィブスの振る舞い▲に嫌気がさし、再びペルシアの臣下となるべくホスローに使者を送った。この使者を受け、ホスローは五四一年春にラジカに進軍、同国を服従させた。ツィブスが蓄積していた富を手にしたのはホスローだった。

ただ、メソポタミアでは、ユスティニアヌスが再び派遣していた将軍ベリサリオスの率いるビザンツ軍が優勢だった。ベリサリオス自らが率いる騎馬隊と、

▼グバゼス（在位五四一〜五五五）　ラジカ王国第七代の王。

▼ツィブスの振る舞い　ビザンツ軍司令官ヨハネス・ツィブスが、ラジカ内でのすべての商取引を独占し、不当に搾取していたのだった。

▼退却している　『秘史』は、妻

イタリアから連れてきたゴート人部隊が、五四一年春に到着し、ペルシア領内の要塞シサウラナを落としていた。ところがその後、部隊内に疫病が発見され退却している。▲

ホスローは五四二年春には再びユーフラテスに侵攻した。前年に約束していた捕虜解放の代償の未払いが理由だったという。セルギオポリスを攻囲したが、ベリサリオスも東方にあって、両者は交渉、ペルシア軍は退去した。▲

五四三年には、ペルシア王国北西部でもペストが発生した。また、ホスローの息子の一人が反乱を起こして、ホスローはアッシリアへ逃れるという出来事があった。この機に、ペルシア領アルメニアで再び宗主国をめぐる同盟関係に動きがあった。親ビザンツ派が台頭し、アルメニア管区軍司令官がこれに通じ、同地に侵入したのである。翌年になってホスローが動き出し、再度ビザンツ帝国内に侵攻、エデッサの町を包囲した。▲

度重なるホスローの侵入に対し、ユスティニアヌスはあらかじめ金二〇〇〇リトゥラを支払い、再び五年間にわたる平和を買い取った。しかし、この休戦協定は、ラジカでの争いやアラブ人部族長間の争いを抑える効果はなかった。▲

アントニナの不義を知らされたベリサリオスが急いで帰った、と別の退却理由を付け加えている。

▼ペルシア軍は退却した　とはいえ、帰途ペルシア軍はカリニコンを破壊・略奪している。ビザンツ帝国内ではこの時期ペストが猛威をふるっていたので、ホスローはこれを恐れたとされる。

▼包囲した　このときもまた富の略奪が目的であり、エデッサの財貨引き渡しを要求したが、町の住民が抗戦、金五〇〇リトゥラの受理で攻囲を解除した。

▼効果はなかった　ラジカ人たちは、ペルシアから強制されたゾロアスター教を嫌い、ビザンツとの商取引の禁止に憤慨して、再びビザンツとの同盟を求めていた。グバゼスはユスティニアヌスに許しを乞い、援助を求めた。これに対し、ユスティニアヌスは、五四八年にアルメニア管区軍司令官としてダギステアスを派遣した。このときペルシア軍も派遣され、小規模な戦闘が起こっている。

ビザンツとペルシアとのあいだで再度休戦協定が話し合われた。交渉はコンスタンティノープルでおこなわれ、五五一年秋まで話し合いが続いた。新たな休戦協定は、このときからまた五年間とされ、ビザンツ側は総額で金二六〇〇リトゥラを支払うこととなった。

その後もラジカやアラブ人部族長の争いに関連してビザンツとペルシアが対峙する場面があった。しかし、五五七年に新たな休戦協定が賠償金なしで結ばれ、ラジカでも平和な状態が広がった。この休戦協定は、五六一年末ユスティヌス二世に破られるまで五〇年間にわたって継続された。ペルシア側はラジカをあきらめ、同地はビザンツに服従することとなった。ただ、ビザンツ側は毎年三万ソリドゥスを支払うこととなった。両者とも新たな要塞を築くことは禁止され、アルメニアからメソポタミアまで国境線はこれで定まった。

④―再征服戦争――対ヴァンダル・東ゴート戦争

ササン朝との最初の戦争が終結した五三二年に、ユスティニアヌスは西方における再征服戦争の準備に着手していた。

イタリアと北アフリカは、五世紀以来「身体と精神の敵」（ＣＪ一・二七）である蛮族たちによって支配されていた。キリスト教の帝国は唯一の信仰である「正しい信仰」つまりオルドドクスを信奉しなければならない。勅法上でこう標榜するユスティニアヌスは、北アフリカのヴァンダル王国、イタリアの東ゴート王国から諸属州を解放しようと企図した。勅法で示された意志は、彼が「ローマ帝国の復興」を意図していたことの証左と考えられている。

ヴァンダル王国への派兵

ユスティニアヌスが皇帝となったとき、ヴァンダル王国はヒルデリック▲が統治していた。彼は、西ローマ皇帝ヴァレンティニアヌス（在位四二五～四五五）の娘エウドキア▲の息子であり、カトリックにも寛容だった。

ヒルデリックは、先王たちと異なり親ローマ的政策を推進した。東ゴートと

▼**ヒルデリック**（在位五二三～五三〇）　六〇代になって即位した。

▼**エウドキア**　ガイセリックによって北アフリカに連れて帰られ、彼の息子フネリック（在位四七七～四八四）と結婚させられていた。

の同盟関係を転換して、ユスティニアヌスと親密な関係を築いたのである。

ところが、五三〇年六月にヴァンダル王国内でクーデタが起こり、ヒルデリックは廃位させられてしまう。投獄され、彼に代わって従弟ゲリメルが王位に就いた。ユスティニアヌスは、このゲリメルに脅威を感じクーデタに抗議したが、ヴァンダル側が取り合うことはなかった。ユスティニアヌスは、この無視を理由として、正当な王を廃位した簒奪者に対する懲罰遠征▲をおこなうこととした。

当時は、対ササン朝戦が終わってまもなくだったので、将軍たちは疲弊していた。また、五世紀以来恐れられたヴァンダル艦隊に尻込みをしたが、ユスティニアヌスは、彼らを遠征させた。皇帝は、アリウス派のヴァンダル族の支配からアフリカのカトリック教徒を救出するため▲、と宣言した。これは、帝都に亡命していた同地の聖職者や大土地所有者に大いに支持された。

遠征軍団は、五三三年六月、将軍ベリサリオスの指揮のもと▲コンスタンティノープルで乗船した。ベリサリオスはオリエント道管区軍司令官の任にあり、西方遠征は管轄外だったが、皇帝の命令により任務に従事した。妻アントニナ

▼簒奪者に対する懲罰遠征　この計画に公然と反対したのは、オリエント道管区長官カッパドキアのヨハネスだけだった。

▼カトリック教徒を救出するため　実際のところは、ゲリメルがカトリック教徒を迫害するようなことはなかった。

▼将軍ベリサリオスの指揮のもと　ベリサリオス(五〇〇年生)はこのとき、二五歳の若き司令官だった。

▼**ドロモン船**　ビザンツ帝国で使われた機動性の高い軍艦。長さ四〇メートル、幅四・五〜五メートルほどで高速性を誇り、一〇〇名の漕ぎ手で操船された。七世紀後半になると船首と船尾にギリシア火と呼ばれる火炎放射器を備えた。

も同行し、記録を残すことになるプロコピオスも乗船していた。

兵士数は一万八〇〇〇人を数えた。歩兵一万、騎兵五〇〇〇、さらには一五〇〇〜二〇〇〇人のブケラリオス隊（ベリサリオスの私的な親衛隊）と、怪しい信頼関係にあった蛮族同盟軍が、五〇〇隻の軍船（ドロモン船▲）で輸送された。このほかに九二隻のドロモン船が一団を護衛し、一大船団の乗組員は三万二〇〇〇人にものぼったという。

八月に艦隊はシチリア島に接近した。当時、この地は東ゴート王国に含まれており、女王アマラスンタと交渉して、軍団は糧食と軍馬を取りそろえた。ゲリメルはビザンツ艦隊の接近を予想もしておらず、トリポリタニア（現在のリビアを含む地域）のモール人と交戦中だった。このことを知ったベリサリオスは、ヴァダ岬から軍隊を上陸させ、カルタゴまで陸路で進軍させている。ビザンツ兵たちが、海戦に強いヴァンダル艦隊と海上で遭遇するのを嫌ったからだった。

ヴァンダル軍との戦闘

五三三年九月十四日、カルタゴ西方の地アド・デキウムで最初の戦闘がおこなわれた。ビザンツ側が勝利し、ベリサリオスはカルタゴに入城、町の諸権限を確保して、ヴァンダル王の玉座に座った。

プロコピオスによると、ベリサリオスは民衆から歓迎されたようである。進軍の途上で、麾下の軍団に略奪を禁じていたからだった。

ゲリメルは、西方の町ブッラ・レギナに逃れていた。そこで軍団を立て直そうとしていた。サルディニアに派遣していた五〇〇〇のヴァンダル兵が戻り、また農民らを動員した。しかしその間にベリサリオスが新たな攻撃をしかけて、カルタゴ南西三〇キロメートルのトリカマルムで戦闘がおこなわれた。これは雌雄を決する決戦となり、ゲリメルは五三四年三月に降伏した。

五三四年六月、ベリサリオスはコンスタンティノープルに帰還した。ユスティニアヌスは彼に、栄誉の数々と広大な所領、年金を与えた。ベリサリオスは膨大な戦利品を持ち帰ったが、なかでも、七つに枝分かれした燭台、ソロモン神殿の壺▲は人びとの目をひいた。

ヴァンダル戦の終結後、ユスティニアヌスは、五三四年四月より、アフリカの統治体制を行政、軍事両面で再編した。

▼ソロモン神殿の壺　ユダヤ戦争(七〇年イェルサレム占領、七三年マサダ陥落によりユダヤ人反乱を平定)の折り、後にローマ皇帝(フラウィウス朝第二代の皇帝)となるティトゥス(在位七九～八一)によって紀元七〇年頃にイェルサレムからローマに持ち去られたもの。その後、四五五年のローマ略奪の際に、ガイセリックによってカルタゴに奪取されていた。コンスタンティノープルへの帰還を経て、ようやくイェルサレムに戻されることとなった。

●ヴァンダル戦役

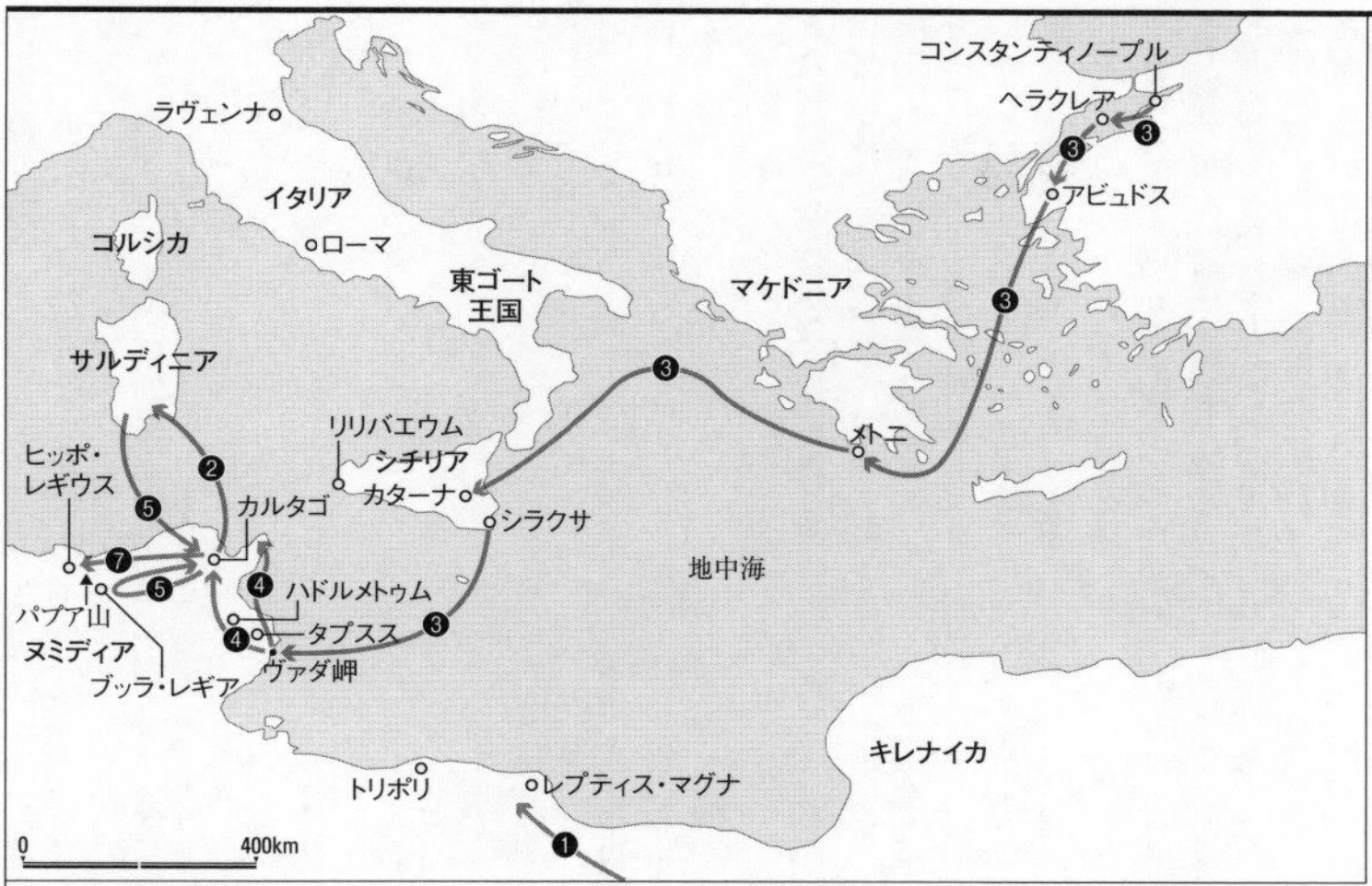

ヴァンダル王国とビザンツ帝国間の戦争

① **533 年夏**
トリポリタニアでヴァンダル族への反乱起こる。キレナイカのビザンツ軍が同地を占領。

② **533 年春**
サルディニアでゴート人貴族ゴダスの反乱起こる。ヴァンダル王ゲリメルがツァゾ率いる艦隊を派遣。

③ **533 年 7 ～ 9 月**
ベリサリオス率いるビザンツ艦隊、コンスタンティノープルを発ち，ギリシア，シチリアを経由してアフリカに向かう。

④ **533 年 9 月 14 日**
ビザンツ軍，ヴァダ岬に上陸，カルタゴまで進軍。艦隊も追尾。デキムムでの海戦でゲリメルと対峙。

⑤ **533 年 11 ～ 12 月**
ゲリメル敗北し，ブッラ・レギナに退却。ツァゾと彼の軍団を召還，カルタゴに進軍。ベリサリオス，トリカマルムの戦いで彼らと対戦。

⑥ **533 年秋**
東ゴート軍，シチリアのヴァンダル側の港リリバエウムを占領。

⑦ **533 ～ 534 年冬**
ゲリメル，パプア山に逃亡，同地で攻囲される。ベリサリオス，ヒッポ・レギウスでヴァンダルの財宝を奪取。

アフリカ道管区長官職が再び設置され、七人の行政官▲がおかれた。また、管区長官を支えるために三九六人の官吏がおかれ、彼らには合計で金一〇〇リトゥラの俸給が用意された。防衛面では、カルタゴに本拠をおくアフリカ管区軍司令官、およびその麾下の五人の司令官が創設された(トリポリタニア、ビザケニア、ヌミディア、また副帝が統括するモーリタニア、サルディニア)。

後期ローマ゠ビザンツ帝国では、属州統治は民政・軍政の両権はそれぞれの長官職に分掌されていた。しかし、五三五年一月に着任したソロモンは、この地の道管区長官と軍司令官の職務を兼務している。その後もこの地では両権をあわせ持つ長官が出現する。それは、帝国の東方辺境で七世紀より見られる現象(テマ制)より以前のこととして注目される。それは、この地が十分に辺境であったことを物語るといってよい。

その後、現地モール人たちの反乱などが散発してはいるが、アフリカは六世紀末まで豊かな土地であり続けている。▲

▼**七人の行政官**　プロコンスラリア、ビザケニア、トリポリタニアは執政官が統括し、ヌミディア、モーリタニア、シティフィス・モーリタニア、サルディニアは知事が統括した。

▼**六世紀末まで豊かな土地であり続けている**　プロコピオスは『秘史』で、ヴァンダル戦後の北アフリカについて記している(同書では「リビア」と呼ばれる)。ユスティニアヌスの「悪行」の結果、リビアは荒廃した、と。「かくも広大な土地を擁するリビアは、いまや荒廃して、かなり旅しても、誰一人住民に出会うことが難しくなった」。この記述が一時の事実を伝えているとしても、同地はやがて回復し、再び穀倉地帯になっていった。

東ゴート王国への派兵

ヴァンダル征服が終了してまもなく、ベリサリオスは再度西方への遠征を命じられた。東ゴート王国討伐のためだった。

イタリア半島に東ゴート王国が成立したのは、四九三年三月のことである。テオドリック(在位四九三〜五二六)に率いられたゴート族はそれまでバルカン地方に暮らしていたが、東ローマ帝国領内での前史▲を経て、イタリアで王国をもつ▲に至っていた。イタリアにはなおローマ人が多数居住していた。彼らは支配者となったゴート人とは必ずしも融和していなかった。前者がカトリック、後者がアリウス派であることも深く影響していた。

テオドリックの王国は、ローマ国制の枠内で、東ローマ(ビザンツ)皇帝を後ろ盾にイタリア支配の正当性を保証されていた。彼は、イタリアでの王国経営において、ローマ市民権を付与する権限も、実効的な立法をおこなうこともできなかった。ゴート人の王に与えられた権限は、ローマ法の枠組みのなかで布告を発することだけだった。王は実質的なイタリア支配者として振る舞うことができたが、帝国との関係という擬制が維持されていた。

▼帝国領内での前史　ゴート族は五世紀の半ばまで、フン族のアッティラ(四五三没)の影響圏に含まれながら、パンノニアとトラキアにいた。彼らは、東ローマ帝国に勤務しながら緩やかな部族集団にまとまっていた。アッティラの死後、テオドリックの伯父ヴァルメールが族長となり、伯父が没すると、テオドリックの父ティウディミルがパンノニアでのゴート族の指導者となった。その後継者テオドリックは、ゲルマン人の習慣にしたがって皇帝(レオン)の養子となり、帝国官職を歴任した。しかし彼らは四八六年よりバルカン半島で再び略奪を始める。皇帝ゼノンは事態を憂慮し、イタリア行きを提案。テオドリックは、四八八年秋、二万の兵士を含む一〇万人のゴート人民とともにイタリアに入り、同地を支配していたオドアケルを打倒し、イタリア王を名乗った。

▼イタリアで王国をもつ　イタリアに加えて、ダルマティア、パンノニアの一部、ノリクム、レティアが、テオドリックの統轄下に組み入れられた。

テオドリックには男子の後継者がおらず、五一五年、娘アマラスンタ▲をゴート人貴族エウタリクスと結婚させていた。テオドリックは、エウタリクスを後継者としてビザンツ皇帝と交渉していたが、アナスタシウス帝治世には承認されず、許諾はユスティヌス治世の五一八年になってからとなった。

ユスティヌス治世になると、ローマ＝ビザンツ間での再度の宗教的一致がなされた（アカキウスのシスマ▲の終焉）。しかしこれにより、イタリアのローマ人たちは、ゴート人支配者が奉ずるアリウス主義に対したいへん敏感になってしまった。そして、いくつかの事件が緊張を高めた▲。このとき、テオドリックのもとに有能なローマ貴族ボエティウス▲が出現した。ボエティウスは、ローマ人とゴート人とのあいだで望まれていた和解を実現する。

この状況下でエウタリクスが、六歳の一人息子アタナリクスを残して亡くなった（五二三年）。この幼い後継者は、五二六年に正式に王となるが、テオドリックは、その認証をめぐって、当時副帝だったユスティニアヌスの対応に疑念を抱き始めた。テオドリックは、ユスティニアヌスがアフリカのヴァンダル王ヒルデリックとの同盟を求めている、と見たのである。また、教皇ヨハネス一

▼**アマラスンタ**（在位五三四）　東ゴート王国の女王。同国第三代の君主。大王テオドリックの娘。第二代アタラリックの母。

▼**アカキウスのシスマ**　四八二年、皇帝ゼノンは、勅令ヘノティコンを発布した。これは、教義の異なる東方教会が標榜するキリスト単性論と、ローマ教会、コンスタンティノープル教会が標榜する両性論を融和させようとするものだった。しかしこれは、東方教会からもローマ教会からも否定され、総主教アカキウスとローマ教皇フェリクス三世の対立を生んだ。互いに破門状を投げつけ、東西両教会の三十余年にわたり分裂した。

▼**いくつかの事件が緊張を高めた**　テオドリックは、ラヴェンナのカトリック教徒たちに彼らが破壊した集会所の再建を命じ、また、同じくラヴェンナで、ある教会堂を破壊させた。

▼**ボエティウス**（四八〇頃〜五二四）　哲学者、政治家。貴族シンマクスの娘と結婚して、アテネに留

世▲が、ローマの貴族層と手を結んでいる、と考えていた。テオドリックは、ローマ貴族たちが反ゴートの陰謀を企んでいると疑っていた。

この文脈のなかで、ボエティウスの裁判と処刑がおこなわれた。皇帝ユスティヌス一世は、アリウス派を弾圧した。コンスタンティノープルのアリウス派が数度にわたり処刑され、テオドリックはこれに激怒し、教皇ヨハネス一世を使節として派遣、一連の動きに対する憂慮の意を伝えた。ヨハネス一世はコンスタンティノープルで歓待を受ける。そして、このことが、ローマに親ビザンツ的風潮をもたらし、ゴート人の王に対する疑念を生むこととなった。テオドリックは、ヨハネス一世がイタリアに帰ってきたとき教皇をラヴェンナに留置した▲。そして、ヨハネスは捕らえられたまま亡くなってしまう。

東ゴート王国の親ビザンツ政策

波乱に満ちた大王テオドリックは、五二六年八月三十日に亡くなる。彼の娘アマラスンタが摂政となり、ゴート王国の状況は大きく変わる。彼女は、宗派の対立、民族の懸隔を融和すべく協調政治をおこなったのである。

学もした。東ゴート王国のテオドリック王に仕え、五一〇年にコンスル、五二二〜五二三年には官房長官を務めたが、かつての官房長官アルビヌスの反逆に荷担した嫌疑でパヴィアに投獄され、処刑された。獄中で韻文混じりの散文で書いた作品が全五巻からなる対話式の詩篇集『哲学の慰め』で、人間の魂はいかにして神のヴィジョンを得うるかについて論じた新プラトン主義の古典とされる。ギリシア古典、特にアリストテレスの論理学を翻訳、紹介した。

▼教皇ヨハネス一世（在位五二三〜五二六）　アリウス派の弾圧が始まったとき、テオドリックにより助祭からローマ司教に任用された。調停のためコンスタンティノープルを訪問し、東ローマ世界を訪れた初めての教皇となった。死因は、長旅の疲れないし老衰とされる。

▼教皇をラヴェンナに留置した
このときテオドリックは、独断で新教皇フェリクス四世（在位五二六〜五三〇）を選出させた。

融和に努めたアマラスンタだったが、まもなく彼女とゴート民族主義者とのあいだで衝突が発生した。彼女はユスティニアヌスに保護を求めたが、ゴート人貴族らの陰謀をくじくことに成功すると、彼女はそのままラヴェンナに留まり、さらに親ビザンツ的な政策▲をとった。

ユスティニアヌスがベリサリオスを派遣しておこなったヴァンダル戦争の際に、彼女は中立的態度を示した。この親ビザンツ的中立は、しかし国内で新たな反発を引き起こした。この間、息子アタナリクスが五三四年十月に亡くなる。彼女は、従兄弟のテオダハド(プロコピオスによればテオダトゥス)と結婚することで、ゴート民族主義者の反発をかわせると考えた。彼女は、王妃の称号をとりながら、テオダハドを王と宣言したが、彼女が実質的な全権を掌握することは了解されていた。テオダハドは、才知に富まない人物だったようである。周囲の者たちの言いなりになって、アマラスンタを廃位し投獄、まもなく彼女を暗殺してしまった(五三五年四月)。

ユスティニアヌスは、これを戦争の口実▲(casus belli)にした。

▼親ビザンツ的な政策　カッシオドルス(四八五頃〜五八五頃)がイタリア道管区長官になったのは、このときである(在任五三三〜五三七)。彼は若くして法学研究で有名となり、五〇七年頃に財務官、五一四年に執政官、そしてテオドリックの後継者アタラリック王のもとで宰相となった。この間、政治問題についての膨大な記録と信書を残したが、五三七〜五三八年頃にコンスタンティノープルに移り(ある種の政治亡命)、約二〇年間を過ごし、ビザンツの神学者と交流して宗教的探求に専心した。

▼戦争の口実　ユスティニアヌスの目的は当初から明瞭だった。つまり、イタリアをゴート族から解放することだった。ゴート人はバルカン生まれの民族集団だった。ローマ化され、文明化されてはいたとはいえ、ユスティニアヌスのなかでは、定期的に帝国を略奪し、帝国領土の一部を不法に奪ってきた「蛮族」だった。他方、ゴート族もまたアリウス派だった。この点もまた重要な理由となっていた。

ビザンツ軍によるイタリア征服

ビザンツ軍の司令官ムンドゥスと総督ベリサリオスは、五三五年六月にイタリアを、また同年末までにシチリアを支配下においた。テオダハドは、対応のまずさからゴート人貴族らの反発を買い、廃位され、翌五三六年十二月に殺害された。

テオダハドの廃位後、ウィティギスが後継の第五代王となった(在位五三六〜五四〇)。彼は、テオドリック王のもとで軍功を重ねた将軍で、アタラリックの在位中には外交官としてコンスタンティノープルを訪問していた。

五三六年末、ウィティギス率いるゴート軍は、ビザンツ軍からローマ市を奪還すべくラヴェンナを出立、五〇〇〇人のみの守備隊が守るローマを包囲した。しかし、ベリサリオスは巧みな用兵とアウレリアヌス帝が構築した市壁によってローマを守り抜き、包囲戦は一年以上にもわたることとなった。この間に守備隊には増援軍も到着し、結局ウィティギスは休戦を申し入れた。ところが、食糧補給と軍の増強を得たベリサリオスは、この休戦協定を破棄、五三八年三月に騎馬部隊を派遣してラヴェンナ南部のゴート領を急襲する。ウィティギス

はローマの包囲を解き、ラヴェンナに退却せざるをえなかった。▲

五三八年六月までにベリサリオスは、ローマ北方に展開するビザンツ側の城塞を相次いで再征服した。彼は、ナルセス率いる七〇〇〇人の帝国軍とも合流したが、ナルセスがベリサリオスの命令に従わなかったので、当初期待されたほどの働きはできなかった。二人の司令官の仲はよくなかった▲のである。

ナルセスが召喚され単独の司令官となったベリサリオスは、パヴィア方面に進軍、五三九年末までに中部イタリアを再征服し、ラヴェンナ攻囲を開始して、ビザンツ艦隊が海岸側を塞いだが、このときベリサリオスは東方に呼び戻される。アルメニア人が、ササン朝のホスローをそそのかしてアンティオキアを占領させ、帝国を攻撃するよう働きかけていたことが分かったからだった。ユスティニアヌスは、東方国境地帯の情勢に大きな脅威をおぼえていたのである。

ベリサリオスはゴート人との交渉を決意する。ラヴェンナ占領の前、五四〇年初頭、特命全権大使団がコンスタンティノープルから到着し、ゴート人らにポー川以南のイタリア、また王国の財宝の半分を放棄することを提起した。ところが交渉は難航し、ベリサリオスは攻囲を続行する。そしてゴート人とウィ

▼退却せざるをえなかった　ウィティギスは、危機を緩和しようとして、自身よりも三〇歳も年下だったテオドリックの孫娘マタソンタと結婚した。ゴート人貴族らの歓心を買うためだった。

▼仲はよくなかった　この不仲によって、リミニ、ウルビーノがビザンツ軍の手に戻ったものの、ビザンツ軍によって再征服されていたミラノは、一万のブルグンド軍が支援するゴート軍に攻囲されて、五三九年三月には占領され、住民の大虐殺が起こってしまった。ナルセスは、このときコンスタンティノープルに召還されている。

ティギス自身から提案された条件、つまり彼を西方の皇帝（basileus）にするという条件を受けるふりをし、ベリサリオス軍はラヴェンナに一戦も交えずに入城することができた（五四〇年五月）。このときベリサリオスは、この町がユスティニアヌスの名のもとに占領され、東ゴート王国がもはや存在しないことを宣言した。

ユスティニアヌスは、ベリサリオスがゴート人の申し出を受け入れたのではと疑ったという。他方で、有能な彼を東方に派遣したがっていた。ベリサリオスは、ウィティギスらを捕虜としてコンスタンティノープルに伴い帰還した。イタリア半島に残ったゴート人たちは、これをウィティギスの裏切り行為と見なして激昂し、和平を拒絶した。そして、ウィティギスに代えてヒルデバルト（西ゴート王国の王テウディスの甥）を王に推戴する。

東ゴート王国終焉に向けて

ヒルデバルトは、わずかな戦士とともにビザンツ帝国への抵抗活動を開始し奮闘したが、五四一年五月に暗殺されてしまう。エラリクスがヒルデバルトの後を継いだが、彼もまたこれより五カ月後に暗殺されてしまう。この段階で、ゴート人たちはトッティラを王に選出した。

トッティラは、再び対ビザンツ戦に取りかかり、当初成功を収めた。トッティラの勝利の要因としては、(1)ビザンツ軍の指令系統がベリサリオス不在後に乱れたこと、(2)イタリアにおけるビザンツの課税行政の復活が、住民に強い反発を引き起こしていたこと、が挙げられる。

トッティラの相次ぐ勝利は、ユスティニアヌスに、イタリアでの指令系統を再統合する必要を痛感させることとなった。しかし、ユスティニアヌスが指名したのは無能なマクシミアヌス▲だった。

その結果、ビザンツ軍は、ナポリ解放のために差し向けた軍隊を全滅させることにすらなった。そして五四三年春、ナポリはトッティラ側に降伏した。そのときトッティラは、ローマ元老院に書簡を送り、自身に合流するよう求めた。また、ローマ市内に安全宣言を掲示させた。彼は、同様のことをナポリ人に対してもおこなった。

このときユスティニアヌスは、ベリサリオスをイタリアに派遣することを諦

▼マクシミアヌス　彼は同時に道管区長官にも指名されたが、動きが遅く、優柔不断だった。これにより、トッティラは、二度の海戦で勝利をおさめる。

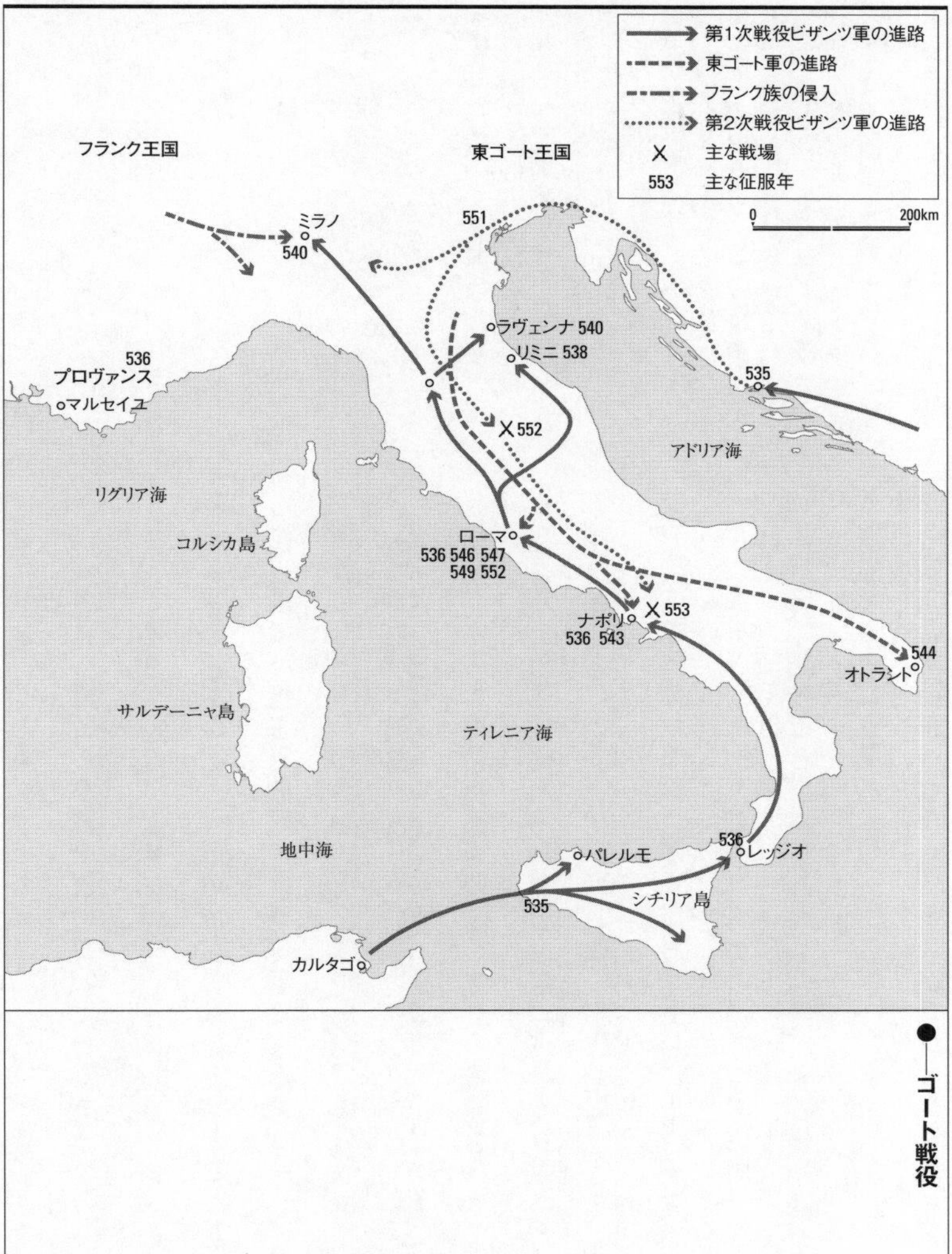
第1次戦役ビザンツ軍の進路
東ゴート軍の進路
フランク族の侵入
第2次戦役ビザンツ軍の進路
主な戦場
553　主な征服年
0　200km
フランク王国
東ゴート王国
ミラノ 540
551
ラヴェンナ 540
リミニ 538
536 プロヴァンス
マルセイユ
552
535
アドリア海
リグリア海
コルシカ島
ローマ 536 546 547 549 552
ナポリ 536 543
553
544 オトラント
サルデーニャ島
ティレニア海
地中海
パレルモ
536 レッジオ
535
シチリア島
カルタゴ

●―ゴート戦役

めていた。折しもベリサリオスは、ペスト流行のあいだに陰謀を企てたとして告発され、皇帝の不興を買っていたのである。

ところが、ベリサリオスはイタリア行きを自ら敢行する。皇帝は、ブケラリオス隊を託すことも、軍司令官の職籍を与えることもなかった。ベリサリオスは自前で、生まれ故郷のトラキアで軍隊を調達し、ラヴェンナに五四四年末に到着した。四〇〇〇の兵士を伴ったが、彼らは軍務経験を積んだ者たちではなかった。給与未払いから軍団中に離反する者が出る事態ともなり、さすがのベリサリオスも皇帝に援軍要請をすべく書簡を送っている。

五四五年末に援軍が到着したが、ベリサリオスと指揮官ヨハネスは協調できず、結局ローマは、イサウリア人兵士によって城門が開けられるという裏切り行為もあって、五四六年十二月十七日にトッティラ側に奪取される。

トッティラは、ここでユスティニアヌスに特使を送り、事態を戦争開始以前の状態に戻すことを提案したものの、その後一進一退の膠着した状態▲が一年以上続くことになる。

五四九年初頭、ベリサリオスがコンスタンティノープルへの帰還を申し出て、

▼膠着した状態　包囲戦は一年と九日にわたり、六九回の戦闘が記録される。大半は小競り合いだったが、本格的な戦いもあった。飢饉と疫病がローマを襲い、水道が閉じられ、マラリア、飢え、敗戦によって、ゴート人にも大量の犠牲者が出た。五四七年十一月には、ビザンツ守備隊側に援軍が到着し、これに脅威を感じたゴート人は三カ月の休戦を申し出た。そしてゴート人特使が、和平締結の申し出を携えてコンスタンティノープルに向けて出発しているが、このときも休戦はほとんど間をおかずに破られた。

召還された。この時期ユスティニアヌスは、テオドラの死(五四八年六月)にすっかり意気消沈していた。また第六章で紹介する「三章問題」に忙殺されて、優柔不断な数カ月を送っていた。五四九年春、ゴート艦隊は、ビザンツ側の反撃を見ることなくダルマティア地方沿岸を攻略している。

五五〇年一月十六日、トッティラは再びローマを攻め、占領した。▲ユスティニアヌスは、自身の従弟であるゲルマノスを司令長官に任命して派遣した。大帝は、ゲルマノスとウィティギスの寡婦マタソンタを結婚させており、これによって彼はゴート人貴族との同盟が可能だと考えていた。ところが、一大軍団を組織したものの、ゲルマノスは五五〇年秋に亡くなってしまった。

ユスティニアヌスは、派遣軍団の後継司令官に宦官ナルセスを選び、軍団は五五一年春にコンスタンティノープルを出発した。軍団はその年、トラキアおよびイリュリクム(イリリア)で過ごしているが、それは、軍団兵士を徴集するためだった。同年六月末、ブスタ・ガッローウムの戦いによりゴート人は敗北、トッティラは殺害された。これより数日後、ナルセス軍はローマを取り戻した。▲

▼再びローマを攻め、占領した　給与未払いだったイサウリア人兵たちが、再度その城門を開けたのだった。

▼ローマを取り戻した　ただ、トッティラ配下の将軍のなかからテイアが王として選出され、その後もゴート人は戦闘を止めなかった。ナルセスが、ゴート人の財宝があったクメス攻囲を開始したとき、テイアはこの町を救援しようとした。しかし、ゴート人に物資を供給していた艦船が破壊され、ゴート軍はラクタリウス山上に退却、この地で五五二年十月に壊滅した。テイアは殺害され、他の者たちは降伏した。その後、ゴート人の王が立つことはなかった。

⑤—ユスティニアヌス帝時代の経済と社会

帝国の経済状況

ビザンツ経済史、貨幣史の研究者ヘンディ▲は、興味深い試算をしている。彼によれば、帝国の税収は全体で四〇〇万ソリドゥス▲を少し超えるほどだった。この評価は多少とも過大であるというが、いずれにしてもユスティニアヌス帝期の税収額は、帝国全土の農地から上がる総生産価額の四分の一から三分の一に及んでいたと推定する。

ヘンディによれば、コンスタンティノープルに勤務する中央行政役人の給与総額▲は七二万ソリドゥスだった。オリエント道管区の属州行政機構としては、二二万四八〇〇ソリドゥスと算定される。両者を合算しての予算額は、税収の四分の一に近かった。他方、歴代皇帝の第一の関心事は一貫して軍団の経費だった。ユスティニアヌス帝期、それは官吏の給与と同様に、税収の四分の一に見積もられる。軍人への給与は、毎年六六万五〇〇〇ソリドゥスである。これにその他の経費——各種支給品、兵器、派兵経費——があった。軍事予算は、

▼ヘンディ（一九四二〜二〇〇八）　イギリス生まれのビザンツ研究者。貨幣史を専門とし、米国プリンストン大、ハーバード大で活動した。

▼四〇〇万ソリドゥス　一ソリドゥスは純金の公定金貨で、重量約四・五グラム。現在の貨幣価値では約三万八〇〇〇円に相当するので（二〇二二年七月現在）、四〇〇万ソリドゥスは約一五二〇億円ほど。税収は現物にもよっていた点に留意する必要はある。

▼給与総額　購買力平価が不確実なのであくまで参考値であるが、日本円での現在の金価格に照らして、帝都の行政官署にかかる給与はおよそ二七三億六〇〇〇万円、オリエント道管区の人件費が八五億四二〇〇万円余だったことになる。

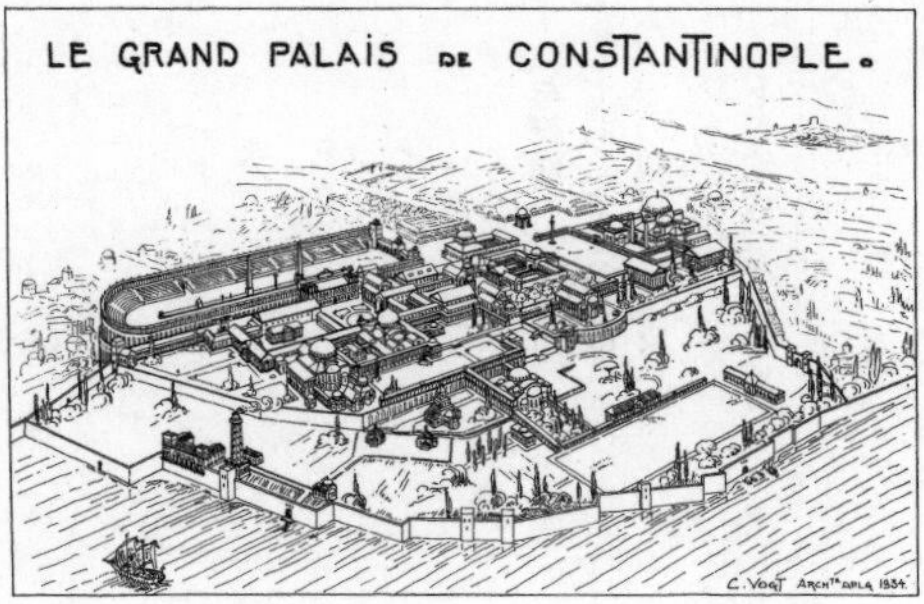

コンスタンティノープル大宮殿の復原図

▼買われた平和　しかしその支払いは、滞って二〇年払いになった。

全体として九九万七五〇〇ソリドゥスとなる。

もっとも、現実はこの予算枠をしばしば超過した。ユスティニアヌス期には多くの戦争がおこなわれたからであり、また、プロコピオスが伝えるところでは、兵士への給与支払いの遅れが恒常化し、司令官たちが補助金を要求していたからである。課税の過酷さを非難する史料は、ユスティニアヌス帝期についても多い。ただし「不満」のもとは、課税そのものの過重さというより、それを収受する人間の「退廃」だった。収税業務に関わる徴税役人や、国家から業務を請け負った者たちの所業に対する不満だった。

この観点からすると、ペルシアから買収した休戦は、戦争行為を繰り返すよりはるかに経済的だった、とヘンディは考える。五三二年の「永久平和」条約は、もっとも高くついた協定として知られる。これは、一万一〇〇〇リトゥラつまり七九万二〇〇〇ソリドゥスで買われた平和▲だった。五四五年に締結された五年の休戦協定では一四万四〇〇〇ソリドゥス、五五一年に締結された六年の休戦協定では、一八万七二〇〇ソリドゥス、五六一年に締結された三〇年間の休戦協定では毎年三万ソリドゥスが求められた。これに、同盟する蛮族への

▼同盟する蛮族への助成金　ヘリュール族、ゲピドゥス族、モール族、コティリグール族、ウティグール族、アヴァール族が、定期的な援助金と時々の贈物を受け取った。アラブ人のムンディールまでが、ペルシアの臣下だったにもかかわらず、その死に至るまで毎年七二〇〇ソリドゥスの年金を受けていた。

助成金▲が加わったものの、戦時の軍事費にくらべれば財政負担は小さかった。

以上のヘンディの試算では、官僚・軍人への俸給、および国家と軍団の維持経費を合わせた支出が、税収のほぼ半分を構成していた。この概算は、ユスティニアヌス期の国家財政、また経済構造をイメージする上で示唆的である。

他方、西方への遠征、つまり対ヴァンダル、対ゴート戦争で回復した領土からの収入は、あまり大きくなかった。財宝の接収を除いては、国庫にほとんど何ももたらさなかった。現地で生産された穀物は、現地に残る諸部族に費消され、征服地からもたらされる収入は年間一〇〇万ソリドゥスを超えることはなかったとされる。これでは、軍隊や官吏、これら地方の要塞を維持することはほとんどできなかった。

後期ローマ＝初期ビザンツ帝国の経済を考える上で、コンスタンティノープルや大都市の存在は大きな要素だった。ユスティニアヌス期においても、都市は引き続き社会生活上の特権的場所だった。

およそ古代地中海世界は、都市を政治の中心とし、社会全体を農業生産から得られる富によって循環されていた。「古代都市」の運営は、都市参事会（クリア会)メンバーであるクリアーレス▲によって担われてきた。彼らはいわゆる名望家層で、彼らが経営する農業生産から得られた富、利得が、都市生活の運営のために供出されていた。クリアーレスは、都市に居住しながら、社会経済的には大土地所有者だったのである。

四世紀以来、帝国政府の中央集権化が進み、クリアーレス層の多くは国家官僚に転身した。五世紀の経過のなかで、自律的な都市の自治に代わり帝国政府の官僚機構が都市経営のかじ取りをするという構造転換が進んだ。

帝国の財政収入も、有力市民層が所有する所領から得られる農業生産の果実を基礎にしていた。もとより帝国が直接経営する国家直営地もあり、収穫から得られる富は直接国庫に収受されていた。

都市への食糧供給は国家によって担われていた。コンスタンティノープルは政治の場として極めて重要な地であるが、私的商業流通ではその食糧供給はまかないきれなかったからである。コンスタンティノープル、アレクサンドリア、アンティオキア、またその他の多くの都市では、市民へのパンの無償配給があり、一定の公定価格での販売がおこなわれていた。▲

▼クリアーレス　都市の近傍、しかし当該都市から離れた場所においても「所領」を所有し、そこから得られる農業生産物が有力都市民の主たる所得であった。都市の政治文化ももっぱら彼らによって担われていた。

▼一定の公定価格での販売がおこなわれていた　国家によって定められたパンの価格は、都市での需要を満たすために状況に応じて変わったが、常に国家によって固定されていた。この食糧供給は、都市行政によっておこなわれることもある。しかしそれも、国家によって部分的に財政補助がされていた。それは、国家予算に吸い上げられたアンノナ(調達物資)の一部を、都市に戻していたということであった。

勅法第一三(五三八／九年)は、エジプトが八〇〇万アルタープ(約一六〇万キンタル＝一六万トン)の小麦を首都に供給したことを語っている。これは、八〇万ソリドゥスに相当する量だった。国家は、輸送のために八万ソリドゥスを船乗りたちに支払っている。また、ユスティニアヌスはテネドスに巨大な穀物倉を建設している。ここは、アンノナを積んだ大きな船が容易に接岸し、積み荷を降ろすことができるもので、このおかげで、苦労しながらヘレスポントの海峡を上がる必要がなくなった。

都市への物資調達に必要な資源を恒常的に提供しようという配慮が、一貫してユスティニアヌスにあったのは明らかである。これは、首都の平静を保全し、政治的安定を確保するための保証だった(おそらくニカの乱によって刺激されたのだろう)。この施策は成功したように思われる。プロコピオスは、この点に関し、五五〇年になるまで▲深刻な落ち度があったとは書いていない。

▼**五五〇年になるまで**　五五〇年は食糧不足の年として記録され、プロコピオスは一時的な欠乏を和らげるために処置が講じられたことを伝えている。

ビザンツ帝国における課税の方法

古典古代の地中海世界は、基本的に農業社会であり、ユスティニアヌスの時代も、ビザンツ帝国の経済的基礎は農業にあった。皇帝は農地からの収税に努め、その安定に向けて施策をおこなっている。荒撫地の開発、大土地所有者への優遇により、いわゆるコロヌス制▲が広がり、農業生産性は上がったとみられている。土地に投入される労働力から得られる利得の率は、ユスティニアヌスの時代でも関心の的となってはいた。ただ、土地の生産性をいわば等級づけて税収見込みを算定していただけで、生産性を上げる工夫や技術革新といったものは、少なくとも史料からは確認することができない。

他方、四世紀になると貨幣経済も拡大し、税の徴収も現物納付から金納化（アデラティオ）▲の方向で進展していた。税を貨幣で納めさせようとしたのは、基軸通貨として国際決済手段としても重要だった金貨（金地金含む）を国家がより多く確保したかったからと見ることができる。ビザンツ帝国は、ササン朝を含めて周辺諸民族の帝国内侵入を年金付与によって緩和していたのであり、その支払いのために貨幣が必要だったのである。

帝国の財政は、おもに土地への課税によっていた。これに、ヒト（世帯）および動物（家畜）への課税、また取引税、その他の付帯税が加わった。土地税は、

▼コロヌス制　コロヌスとは、自由人身分ではあるが（奴隷ではないが）、移動の自由がなく土地に結びつけられた小作農民のこと。

▼金納化（アデラティオ）　四世紀以来のローマ帝国の国制改革は、金本位制による度量衡整備と、基軸通貨ソリドゥスの流通を基礎としていた。財政制度の再建は、金地金の確保を前提とし、帝国政府は金貨での収税を基調とするようになる。カピタチオ＝ユガティオ制では当初、現金納付と現物納付の組み合わせで徴税がおこなわれたが、早くも四世紀以来、金納化が押し進められた。

国家財政の主柱であり、地味に応じた等級が設定されていた。

六世紀の帝国政府は、ディオクレティアヌスが整備したシステムを依然として使用していた。つまり、カピタティオ＝ユガティオ制▲に依拠していた。これは、生産性に応じて土地区画（ユグム）に課税し、ユグムに結び付けられる労働力（capita〈カピタ〉、人と家畜）にも課税する▲ものだった。

諸税を引き受けた財政ユニットは「村落」（コーリオン）だった。課税は、土地所有者が不在となって耕作されなくなった村落地にもかけられ、「村落」が連帯責任で納税の義務を負っていた。農村の人口減少に歯止めをかけることをめざすエピボレー制▲と呼ばれる措置も古来とられていた。農業生産は多くの場合コロヌスによって担われていた。コロヌスは、奴隷と違い自由身分だったが、耕作地から移動する自由はなかった。

道管区長官は、毎年、納税額の安定的確保に努めなければならなかった。属州ごとに、現金でいくら、現物でどれほど、と分担額を特定した。そして、属州に留め置く分と、道管区に送る金額と物量を勅法▲で指定した。税収の確保・増大を目的に「空中税▲」という新税も案出された。

▼カピタティオ＝ユガティオ制　課税率は、一定期間、つまり税制年度であるインディクティオが一巡する一五年間については固定されていた。課税は現物で収取されることもあったが、国家が定める固定率で現金払いにされることが多かった。アナスタシウス帝期より、金納化の対象外となったのは、現物での税徴収は軍団の維持に必要な物品のみとされた。エジプトで集められるアンノナとしての小麦は当然これに該当した。しかし国家は、必要に応じ、しばしば軍事命令で、農民に対して国家が定める価格での作物売却を強制することができた。

▼労働力（capita〈カピタ〉、人と家畜）**にも課税する**　ただしユスティニアヌスは、税の最終的な収益を減少させることはなかったが、いくつかの属州でカピタティオを廃止した。

▼エピボレー制　耕作者が不在となった土地の耕作を、一定期間非課税とすることで引き受けさせる制度だった。無主地の再活性化をめざすこの措置は、五四二年のペスト流行後間もなくのときに、ユスティニア

商取引にも諸税があった。それには、税関での賦課も含まれ、国家や各都市が商取引に課税した。国家が収受する関税についてユスティニアヌスは各都市で引き上げをおこなった。アレクサンドリアに続いて五二八年以降、コンスタンティノープルの商取引についても関税が引き上げられた。アビュドスとヒエロンの海上警察基地を税関にし、増税が実施された。首都に入港するのに徴収する税についても増税▲した。

ユスティニアヌス時代の社会構成

社会にはいつも不平等が存在する。ユスティニアヌス期における富の偏在状況や、それを生み出す経済メカニズムを分析することは難しいが、豊かで特権を享受した少数の「有力者▲」と、「貧困者」と訳される大量の中下層の人びとがいたことはよく知られている。「貧困者」は、必ずしも現代的意味での貧困者ではない。無産者も存在したが、ささやかな資産をもってはいても栄誉を手にできぬ者が「貧困者」の大半を構成していた。

そのようなかでユスティニアヌスは、過度に富裕になると考えられた者の

ヌスによって再導入された。

▼**勅法**　受領証に記されるべき数字、諸税の徴収担当官吏が職務遂行に成功しなかった際に執るべき措置、等々について規定する。

▼**「空中税」**　カッパドキアのヨハネスによる創案とされる。建築に関わる税で、家屋間に空間を設定することが求められ、違反すると罰金を支払わされた。プロコピオスによれば、この新税違反の罰金が二一万六〇〇〇ソリドゥスにも及んだという（『秘史』二一・一―二）。

▼**増税**　プロコピオスは、ユスティニアヌスが商人に新税を課したことで物価が上昇することになったと批判するが、おそらくこの物価上昇は一時的なものにすぎなかった。

▼**「有力者」**　刑法上でpotentes/honetioreとして登場する。「中下層民」(humliores)が弁別される。

▼**アガペトス**(Agapetos)　ハギア・ソフィア聖堂の助祭。各章とも短い七二章から成る『君主鑑』を著し、ユスティニアヌス即位時に献呈した。イソクラテス(紀元前五〜四世紀の修辞学者)や、四世紀の教父カイサリアのバシレイオス、ナジアンゾスのグレゴリオスを踏まえて、構文、表現、内容とも正統派のギリシア語テキストとされる。ルネサンス期に高い評価を得て、十六世紀に二〇ほどの校訂版が出現した。

遺産の一部を躊躇なく接収し、莫大な富の形成を抑制しようとした。皇帝の立法と政策が大半において、公正への配慮、いわば再分配への配慮を示しているのは事実である。ユスティニアヌスの法のなかで繰り返し確認される原則の一つは、何人も他の者の犠牲の上に豊かになってはならない、ということだった。

ユスティニアヌスが皇帝になるにあたって、ハギア・ソフィア聖堂の助祭アガペトス▲が五二七年に著した『君主鑑《くんしゅかがみ》』がある。それは、善き皇帝が貧困者に与えるべく富者に働きかけなければならないと記している。フィラントロピア(善行)は、歴代皇帝にとって為すべき義務の一つとされ続けていたが、ユスティニアヌスが表明した言説や彼の証書から判断すると、彼はこの義務を誠実に受け止めていたと思える。

大土地所有者と自由農民

社会の経済力をはかる指標の第一は、ヒト(人間)である。まずは人口規模、また労働生産性(ヒトの活力の程度)が問題となる。しかし、ユスティニアヌスの時代についてそのような情報を示唆する史料はない。

次に見るべき観点は、土地とヒト(労働力)また生産用具の結びつきのあり方(生産関係)である。農業生産に依拠した社会において、土地所有のあり方がいかなるパターンの組み合わせで展開していたのか。この観点が研究史上の焦点となってきた。ユスティニアヌス期の社会構造を考えるにあたっても、土地、ヒト(労働力)、モノ(家畜や農耕器具等)の編成のあり方を皇帝勅令などから析出しようとする傾向が強かった。

長いこと「大土地所有の展開」が一つの重要な観点とされてきた。▲皇帝勅令がたびたび規制しているところから推測して、逆に現実には大土地所有制が展開した、と考えられてきた。

現時点でいいうる論点を整理すれば、以下の通りである。

コロヌス制が展開したとはいえ、自由農民は存在した。皇帝勅令がその保護をしているところから、課税対象としての自由農民、つまり自らの耕作地を保有し、家族経営する農民層は存在していた。

大土地所有は拡大傾向にあった。所有者の実体は、世俗人のほか、キリスト教会、修道院等だった。ユスティニアヌスが将軍ベリサリオスの資産を剝奪し

▼「大土地所有の展開」が一つの重要な観点　村落(コーリオン)の実態を伝える史料はない。村落を構成する土地の所有主体が、大土地所有者か自由農民なのか。あるいは、両者の存在する割合は、といった問題群が提出されてきた。自由農民の健全な存在こそが価値ある姿との価値観にもとづく六世紀社会像は、いささかネガティブな論調をもって当時の「大土地所有の進展」を論じてきたといってよい。土地や生産用具の所有をめぐるマルクス主義的な歴史観の影響があったことは明らかである。渡邊金一『ビザンツ社会経済史研究』第一論文、また井上浩一『ビザンツ帝国』を参照。

たことは、すでに紹介した。各地方の名望家が大土地所有者であったほか、軍功などで皇帝から土地の下賜を受けて大土地所有家となる者がいた。しかし、皇帝の恣意によりその財産を没収されることがありえた。ユスティニアヌスのように地方の農民出身の者が大土地所有者ばかりか皇帝にまでなりうる流動性の高い社会であったが、最高権力者の恣意により財産を失うこともあったという点でも流動性が高かったのである。

大土地所有者としての教会

他方、勅令で規制の対象となったのは、もっぱら教会・修道院、その他の教会機関だった。皇族を含む世俗の人びとからの寄進により教会・修道院等の資産は、この時期増え続けていた。しかもその資産に国家は減免税の特権を与えることが多かった。国家財政に奉仕しない土地資産の増大に、帝国政府が意を払ったのは当然だった。これらの宗教的特殊財は不可逆的で、還俗しなかったから、その有効活用は帝国社会の活力に直結する課題だったのである。

一方で、キリスト教会、修道院、各種教会機関は、所有した資産によって社会福祉的事業(慈善)をおこなっていた。こうした慈善事業の経営主体としての教会の資産に皇帝は免税特権を与えたのである。市民の寄進により増大した教会財産。これに免税特権を与えて慈善活動をさせた帝国。ここに、ビザンツ皇帝の「キリスト教皇帝」としてのイデオロギーを担保する現実的機制があったのである。

自然災害——ペスト禍と大地震

ユスティニアヌス治世は、自然災害が多く発生した時代でもあった。まず指摘すべきは、彼が皇帝となって一四年が過ぎた頃に帝国全土に広がったペスト禍である。

ペストは五四一年にエジプトで始まり、▲翌年にはコンスタンティノープルに到達した。ユスティニアヌス自身も一時罹患した。エジプトは、コンスタンティノープル市民にとっての穀倉だったから、穀物とともに輸送船に紛れこんだネズミによって感染が広がったと考えられている。

ペストはその後も各地に伝播し、イベリア半島にまで至る。記録によれば、

▼**エジプトで始まり**　プロコピオスは、ペストがスエズ近くのペルシウムで発生した、と伝える。

その終息は五四九年で▲、それまで帝国内は不安に包まれた。近年の研究では、ペストの大流行(パンデミック)が帝国の社会構造や歴史の軌道を大きく変えることはなかったとする意見が強い。とはいえ、五世紀末から地震、旱魃が頻発していた世情だったから、ペスト禍は社会不安を著しく増大させたという。

ペストがアレクサンドリアとアンティオキアを襲い、コンスタンティノープルに到来した五四一年に執筆されたマララスの年代記は、その年、ある女性が、コンスタンティノープルが海中に沈む▲、と予言したことを伝えている。皆が恐れおののいて黄金門近くの聖ディオメデス教会で連禱▲したことが皇帝のもとにも報告された、と伝えられる。

五世紀末から六世紀にかけては、大地震が頻発した時期でもあった。なかでも五五八年にコンスタンティノープルを襲った大地震は、市内の建物に大きな被害をもたらした。これによって、二〇年前にユスティニアヌスによって建てられたハギア・ソフィア聖堂が部分的に倒壊した。そのときの民衆の反応がアガティアス『ユスティニアヌス帝の治世について』に伝えられているので、紹介しておこう。ビザンツ人の行状をうかがい知るのに興味深い一節である。

▼終息は五四九年　地中海・ヨーロッパ世界でのペスト禍は、その後二五〇年間にわたり根絶されることはなかった。

▼コンスタンティノープルが海中に沈む　帝都が海中に沈む、という主題は、その後のビザンツ文学におけるトポスとなる点でも注目される。一例を挙げれば、この主題は、十世紀半ばに書かれて五世紀のコンスタンティノープルを舞台としている『聖アンドレアス・サロス伝』に劇的なかたちであらわれる。この聖人伝では、帝国の終焉が必然的な事柄として、帝都コンスタンティノープルの終焉を含意しており、そのことが派手なかたちで示されている。そのとき、コンスタンティノープルは、神の命により、聖所ともども波に飲み込まれ、コンスタンティヌスの柱だけが、その柱頭を出したままになる、と。

▼連禱　正教会における礼拝の一型式。司祭と会衆が交互に祈りをおこなう。

その後まもなく、根拠のない人を惑わす流言飛語がまわりだした。それらは、世界全体が消え去ろうとしている、というのだった。ある種の詐欺師が、思い付きの託宣をたずさえて、思い付いた事柄を予言しているのである。すでに完全に恐怖におののいている民衆を、この流言はさらにいっそう震え上がらせた。これらの者たちは、狂気を装い、悪魔が憑いたかのように振る舞いながら、さらに恐ろしいことが起こるだろうと吹聴した。それはまるで、取り憑いた幻影が彼らに未来を教えているかの振る舞いだった。彼らは災難にむしろ驚喜していた。他の者たちは、星辰の動きとかたちを見て、よりいっそうの災禍がやってくる、と暗示した。そして、世界のことごとがすっかり混乱すると言うのだった。(中略)連禱と請願のための聖歌がいたるところで聞こえ、みなが参加していた。いつもことばで約束されながら実行に移されたことのなかったことが、そのときは容易に行われた。突然、すべての人たちが誠実にそれぞれの仕事を行うようになった。国家の役人ですら、自らのどん欲を押し控えて、法にしたがって訴訟を扱ったし、有力者らも、よきことを喜んで行い、恥ずべき行いから身を引いたのである。ある者たちは、生活態度をまったく改め、修道士的な生活、山中での生活を信奉するようになって、富や名誉、そのほかに人を喜ばすあらゆるものを捨てた。多くの寄進が教会になされ、夜になると、この上なく有力な市民たちが街路に出て、路上で不虞のまま横たわる哀れで卑しい者たちの世話をし、食料や衣類など彼らが必要なあらゆるものを提供し出した。しかし、この一連のあらゆることが、恐怖があったごく限られたあいだでのことに終わった。危険がいくばくかひと休みし、恐怖がやわらぐやいなや、人びとはいつもの生活ぶりに戻ったのである。

商業と産業

ビザンツ帝国では、エジプト産の小麦をコンスタンティノープルへ、シリア産のオリーブ油をガリア地域まで運ぶ広域的な物流が地中海世界にわたって行われていた。もっとも、七世紀半ばにエジプトがアラブ・イスラーム勢力の支配下に入ると、帝都への小麦供給ルートはほとんど途絶することになり、また、九世紀前半にシチリアおよび南イタリアが同様にイスラーム勢力下に入ると、シリア産のオリーブ油のガリアへの輸送も困難となる▲のだったが、ユスティニアヌス期には地中海交易はなお十分におこなわれていた。

他方、ローカルな商取引も帝国経済にあって重要な地位を有していた。各地域とも、自らを給養するのに十全な独自の生産体制をもたなかったから、農民と都市民がそれぞれの生産物を交換する市場をもっていたのである。このローカル市場には、周辺住民の大半が参加していた。

定期市はより重要なもので、年に一度ないし二度開かれた。これには宗教儀礼を祝う集会が伴った。定期市は、遠方からやってくる商人たちを引きつけた。六世紀のトゥール司教グレゴリウス▲の証言によれば、聖トマス▲の祝祭日(七月三日)におけるエデッサでの定期市は、三〇日間にわたり開催され、しかも免税されて活発な取引がおこなわれていたという。

都市収入のもっとも大きな部分は、高級品の取引から得られていた。高級品取引では、贅沢な生産物や商品が商われた。つまり、スズ、大理石、宝石、貴金属、陶磁器、絹、高級織物、香辛料(胡椒、シナモン、クローブなど)、パピルス、極上ワイン(パレスティナやエーゲ海産のもの)などであった。大理石は、ユ

▼オリーブ油のガリアへの輸送も困難となる　西欧地域で教会の灯明のための燃料としてオリーブ油に代わって蠟が使われ始めたのは、九世紀半ばからだった。

▼トゥール司教グレゴリウス(五三八頃～五九四)　メロヴィング朝アウストラシアのトゥール司教。『フランク史』『師父の生涯』『殉教者の栄光』など。『殉教者の栄光』三〇節にこの定期市についての記述がある。西欧世界にまで知られた市は、ビザンツ世界を代表する地方都市でのローカル市場の典型例といってよい。

▼聖トマス　インドで七四年に殉教し、二三二年にエデッサに移葬されたとされる。当該記事は『殉教者の栄光』三一～三二節にある。

スティニアヌス時代になると重要な取引対象となっていた。宮殿の建築部材としてはもとより、五世紀半ば以降に数多く建築された教会・聖堂の部材としての需要が高まっていた。マルマラ海のプロコネシス島▲から産出される大理石は、その後も長く高級建築部材として西欧世界にも知られた。

ビザンツ帝国における重要な手工業とされるのは、絹、亜麻、木綿の織物、またパピルス、羊皮紙の生産だった。

パピルスは、書類また書写材料として重要だった。五世紀のアレクサンドリアで蔵書がキリスト教徒の手で焼かれて▲から、コンスタンティノープルがほとんど唯一の古代ギリシア・ヘレニズム文化の遺産保存場所となっていた。パピルスはエジプトがもっとも重要な供給地で、アレクサンドリア図書館の蔵書はすべてパピルスによっていた。しかし、コンスタンティノープルでは、五世紀より羊皮紙が使われ始める。パピルスが巻物状で片面しか使えないのに比べて、羊皮紙は表と裏の両面を使用した。また小文字も開発され、情報積載量が格段に増えたことにより、コーデクスと呼ばれる冊子体の書物が作成されるようになった。

▼プロコネシス島　同島産の大理石は、十世紀の後ウマイヤ朝コルドバの宮殿および礼拝堂の建築部材として、当時のビザンツ宮廷からアブド・アッラフマーン三世（後ウマイヤ朝のカリフ。在位九二九～九六一）に贈られてもいる。なお、この島は現在のトルコ・マルマラ島である。この島名、またマルマラ海そのものの名称は、プロコネシスで多く産出された大理石のギリシア語名「マルマロス」に由来する。

▼アレクサンドリアで蔵書がキリスト教徒の手で焼かれて　同地の哲学教師ヒュパティアが殺害されたとき（四一五年）、図書館の蔵書も被害に遭った。

絹の生産は、蚕の飼育がまさにユスティニアヌス期に東方より伝来して発展していく。以後、絹生産はビザンツ帝国のもっとも重要な収入源の一つとなっていった。おもにエジプトの国家工房(宮廷、政府用の生産に従事していた)や、フェニキアの民間工房で加工されたが、ユスティニアヌスが五三二年以後、絹の加工品をリトゥラ(約三二六グラム)当たり八ソリドゥス以上で売却することを禁じたため、民間工房は衰退した。それは、五四五年に再び多くの工房が開設される▲まで続いた。

ユスティニアヌス時代の建設事業

プロコピオスは、ユスティニアヌスによって建設された建物、また修復された建物について一冊の著作を残している。ユスティニアヌスによる建設事業は、歴代皇帝のなかでも目立って活発だった。それはユスティニアヌス個人による恣意的な権力行使であったが、他方で皇帝がおこなうべきフィラントロピア(善行)の一つでもあった。おもに教会聖堂が中心で、代表的な事績はコンスタンティノープルのハギア・ソフィア聖堂の再建▲である。

▼工房が開設される　ペトロス・バルシュメスなる両替商人が工房を再開させた(『秘史』二二・一–二三)。彼は、絹の専売権を留保していた国家の代理の立場で工房を経営した。

▼聖堂の再建　最初のハギア・ソフィア聖堂は、教会史家ソクラテスによると、最初の聖堂はコンスタンティヌス二世治世の三四六年により創建されたというが、他説もあり確定的ではない。この聖堂は、四〇四年に総主教ヨアンネス・クリュソストモス追放時の騒動で消失し、テオドシウス二世により直ちに再建されていた。

▼トラレスのアンテミオスとミレトスのイシドロス　いずれもアルメニア人建築家だが、本来は幾何学を専門とする数学者。幾何学の応用として建築をおこない、大聖堂の建築という偉業を果たした。

▼献堂式　ユスティニアヌスは竣工式で、祭壇に立って手をさしのべ「我にかかる事業をなさせ給う神に栄光あれ。ソロモンよ、我は汝に勝てり」と叫んだと伝えられる。

▼遺産を相続した寡婦(女性)　ハギア・ソフィアは、当時最大だった聖ポリエウクトゥス聖堂を凌ぐものとして建てられた。同聖堂は、皇族出身で当時の名門貴族アニキア・ユリアナによって、五二七年のユスティニアヌス即位の年に建てられていた。アニキア(四六二〜五二七/八)は、皇帝オリブリウス(在位四七二)の娘で、母プラチディアはヴァレンティアヌス三世(在位四二五〜四五五)の娘であった。母を通じてテオドシウス一世の玄孫であった。アニキアは東方軍司令官アレオビンドゥスの妻となり、五世紀末から六世紀初頭にかけて、テオドシウス朝、ヴァレンテ

聖堂は、ニカの乱(五三二年一月)の際に焼け落ちていた。再建事業は、事件後ほとんど四〇日も経たぬうちに始められた。それはまったく新しい設計で、プランは反乱前にすでに練られていた可能性が高い。建築家は、トラレスのアンテミオスとミレトスのイシドロス▲だった。特徴は、直径三三メートルの中央のクーポール、そして、アーチ状の第二の丸天井を成す柱群が、この中央クーポールを支えていたことだった。内陣の装飾も贅を凝らしていた。ランプ、燭台、色とりどりの大理石、モザイク。総経費については記録が知られないが、五三二年に道管区長官がこれに四〇〇〇リトゥラを支出しており、聖所の銀器は二〇〇〇リトゥラ以上の価値があるとされた。献堂式▲は、五三七年十二月二十七日に執りおこなわれた。

ところが、五五八年五月に前述の大地震が起こり、ハギア・ソフィアの中央クーポールは崩壊してしまった。しかしそれも、まもなく息子のイシドロスによって再建され、高さも六メートル高くされた。新たな献堂式は、五六二年十二月二十四日に執りおこなわれた。

ハギア・ソフィア再建は、ユスティニアヌス個人による発意を基礎にしてい

た。国家財政も出動させられたが、ビザンツ社会にあっておよそ聖堂建築は個人の寄付(意志)によっていた。ここで重要なのは、「個人」には遺産を相続した寡婦▲(女性)も含まれていたことである。

コンスタンティノープルでは、ほかの多くの教会▲もユスティニアヌスに帰せらせる。彼がまだユスティヌスの副帝だった頃に建設し、あるいは再建した教会堂は八つだった。それには、ブラケルナエの聖マリア、また聖ペトロと聖パウロの聖堂が含まれた。聖エイレネ聖堂も、やはりニカの乱時に焼け落ちていた。これも再建されたが、五六二年に再び火災で焼け落ちてしまった。コンスタンティヌス帝による聖使徒教会も、ユスティニアヌスの治世に再建された。聖セルギオスと聖バッコスの聖堂(これは今日でも現存する)は、五二七年から五三六年のあいだに建てられた。

コンスタンティノープル以外の帝国各地にも同様にユスティニアヌスの事績による聖堂があった。直接建設を命じたものもあれば、財政援助をしたものもあった。後者には、極めて重要なものが含まれている。例えば、イエルサレム最大の教会である聖マリア新聖堂。聖母マリアが没した聖地エフェソスでは、

ィアヌス朝の血統を継ぐ「もっとも高貴でもっとも富裕な」貴族として宮廷内で尊敬を集めていた。聖ポリエウクトゥス聖堂は、コンスタンティノープル北西部、聖使徒教会近くに建立された。五二四〜五二七年に建てられ、ユスティニアヌス即位時最大の聖堂だった。聖ポリエウクトゥスとは、ヴァレリアヌス帝治世(二五三〜二六〇)の迫害で二五九年に殉教したアルメニア人聖人。

▼ほかの多くの教会　彼が建設・再建させた聖堂群には、以下のものがあった。泉の聖マリア、聖アンナ、聖ミカエル(二つのミカエリアがあり、一つはアナプルースにあって「ことのほか美しかった」)。さらに、大半が東方の殉教者に献堂された以下のような多くの殉教者廟。アガトニコス、アカキオス、アンティモス、コーメス、ダミアノス、ヘスペロス、ゾーエ、イア、エイレネ(古来のエイレネとは別)、ラウレンティオス、パンタレイモン、プラトーン、プリスコス、ニコラス、テクラ、テオドロス、テオドタ、ティルソス、トゥリュフォンなど。年代記作家マララスによれば、聖テオドラの聖所もあった。

丸天井に巨大なバシリカ様式の聖ヨハネ聖堂。モーゼが十戒を得たシナイ山のふもとでは、後に聖カテリナの名で呼ばれることになる大規模な修道院にして要塞でもあった施設内に建てられた、聖母（テオトコス）に献堂された聖堂である。プロコピオスでは言及されないものの、コンスタンティヌス創建によるベツレヘムの聖生誕バシリカ聖堂の改修も、ユスティニアヌスの事績だった。

なお、ラヴェンナのサン・ヴィターレ聖堂は、五三二年にこの町の主教エレクレシウスによって建設が始められ、五四七年に献堂されたものであり、ユスティニアヌスの財政支援は受けてはいない。銀行家ユリアヌス・アルゲンタリウスが、聖堂の建設資金を提供したとされる。

救貧院や修道院、宮殿、浴場施設、水道施設もまた、ユスティニアヌスの建設熱に帰されている。コンスタンティノープル、イェルサレム、またその他の場所で諸施設が建設された。

彼はまた、自然災害や戦争の被害に遭った諸都市の再建にも同様に熱心だった。すでにユスティヌス治世（ユスティニアヌスが副帝だった時期）に、デュラキオン、コリントス、アナザルベスが、地震の後に国庫によって再建された。バ

●—ハギア・ソフィア聖堂のキリスト像(六世紀制作)

●—ユスティニアヌスの肖像を刻んだ金貨の表(右)と裏(左)

●—シナイ山のふもとに建つ聖カテリナ修道院

ルカン半島南部イリュリクム地方の町エデッサも、洪水があって壊滅的状態になったが復興されている。

　自身の治世になってからもこの状況は変わらなかった。アンティオキアは、幾度となく皇帝が配慮を及ぼした都市だった。まず、五二六年の大地震後に四〇〇〇リトゥラを与えた。ついで五四〇年に、ホスローの略奪で町が灰燼に帰した後、教会、柱廊、広場、浴場、劇場を再建した。ササン朝の攻撃によって破壊された他の町▲も、同じくユスティニアヌスの支援を受けて再建された。また、彼の生まれ故郷の村に新しく都市ユスティニアナ・プリマを建設した。ここには、中央広場、柱廊付き街路、数多くの教会堂が建設され、ビザンツ都市の光景が広がったという。

　建設事業におけるユスティニアヌスの事績の特徴の一つは、城塞化▲、ないし城塞に向けられた配慮だった。プロコピオスによれば、その数六〇〇にのぼったという。

▼**ササン朝の攻撃によって破壊された他の町**　例えば、アパメア、シリアのラオディキア、ポンペリオポリス、ミュラ、アマセアなど。

▼**城塞化**　ペルシアとの国境線に沿って、ダラ、セルギオポリス、マルテュロポリス、テオドシウポリス、その他多くの都市が堅固な城塞となった。西方では、ドナウ川沿い、トラキアとイリュリクム(イリリア)地方でも、トミス、サルディカ、ナイススなど。北アフリカでも、再征服後、数十個の要塞が再建された。

⑥—晩年そして「伝説の皇帝」へ

神学的活動への傾斜

ユスティニアヌスの皇帝としての歩みは、三八年の長きにわたった。叔父ユスティヌス一世の補佐として帝国経営の実務を担った時期も含めれば、政権にあった期間は四五年にわたる。

皇帝在位の前半におこなった事績は、本書で紹介したように多彩にして活発であった。ところが、五四八年に皇后テオドラが死去してからその活動は一変する。テオドラが亡くなったとき、彼は六五歳だった。八二歳で逝去するまでの一七年間は、まさに晩年と呼ぶにふさわしい。前半生の活発な活動とは対照的に、むしろ神学的活動あるいは瞑想にも似た静謐な暮らしとなったようだ。

ユスティニアヌスは、貨幣に十字架をかざす姿を描かせた最初の皇帝だった。ここには彼の宗教意識があらわれていたと見てよい。宗教上の諸問題がユスティニアヌスにとって重要なものだったことは、彼が晩年に神学に傾倒していたことからもうかがわれる。

▼異教信仰を積極的に抑圧した　エフェソスのヨハネスによれば、小アジアだけでも七万人の異教徒が改宗させられた。

▼キュロスのテオドレトス(三九三〜四五七)　アンティオキアの富裕な家に生まれ、近傍のキュロス主教を務めた。イエスの人性を強調するアンティオキア派を代表する思想家。イエスの神性を強調するアレクサンドリアのキュリロスと対立した。エウセビオスの後を引き継ぐ『教会史』は重要史料。

▼アレクサンドリアのキュリロス(三七六〜四四四)　同地の総主教。イエスの性質(キリスト論)をめぐる論争での主要人物の一人。五世紀アレクサンドリア学派とアンティオキア学派とのあいだでの信仰と語法に関する論争があり、アンティオキア出身のネストリオスがコンスタンティノープル総主教になったことから(在位四二八〜四三一)、激しい論争を展開した。エフェソス公会議(四三一年)でエフェソス主教メムノンと策謀し、ネストリオスを主教職から追放した。

彼は、修道士や主教たちと神学問題を語り合い、神学的な著述も残した。教会建設に熱意を示し、聖域に幾多の寄進をおこなった。聖母マリアや諸聖人、聖遺物を崇敬した。五二九年にアテネのアカデメイアを国家の管理下におき、事実上閉鎖したが、これもまたユスティニアヌスの信仰心のあらわれだったと見てよい。ヘレニズム文化の教育機関を閉鎖したことは、同時期に異教信仰を積極的に抑圧した▲こととも無関係ではなかった。

第二回コンスタンティノープル公会議

五五三年、彼はコンスタンティノープルに全地公会議を召集した。カルケドン公会議(四五一年)以来、すでに一〇〇年以上にわたってオルトドクシー(正教)が正統信仰となっていたが、東地中海地域、特に帝国の重要都市アレクサンドリアではなお単性論への信仰が根強かった。ユスティニアヌスは、単性論への理解を示すことで帝国統治の一体性を確保しようと公会議を召集した。

この会議はいわゆる「三章問題」を議論した。「三章問題」とは、五四三年末(ないし翌年の初頭)にユスティニアヌスが勅令を発布して、アレクサンドリア教会、アンティオキア教会がカルケドン公会議の教令を受容するよう促すため、以下の三文書を異端と宣言したことに端を発する。

(1)キュロスのテオドレトス▲の著作

(2)アレクサンドリアのキュリロス▲を糾弾したモプスエスティアのテオドロス▲の著作

(3)テオドロスの著作を支持するエデッサのイバス▲によるペルシアのマリス宛て書簡

ユスティニアヌスは、アレクサンドリア教会の立場に理解を示すために、五世紀初頭の同教会主教キュリロス(三七六〜四四四)の著述に論駁を加えたアンティオキア教会派のキュロス主教テオドレトスらの著作を「異端」として弾劾▲したのである。

ゲルミアへの巡礼

五六三年十月、ユスティニアヌスは、ガラティア地方ゲルミア▲の「一万の天使を祀った聖所」に巡礼・参拝した。亡くなる二年前のことであり、コンスタ

▼モプスエスティアのテオドロス　(三五〇頃〜四二八)　アンティオキアの富裕な家に生まれたアンティオキア学派の神学者。ネストリオスの師。コンスタンティノープル総主教ヨハネス・クリュソストモスの友人。

▼エデッサのイバス　シリア教会エデッサ学派の神学者。エデッサ主教(在位四三五〜四五七)。

▼「異端」として弾劾　もっとも勅令発布後、公会議で集結した「三章問題」は、ローマ教会からの異論を生むことになる。ユスティニアヌスとテオドラの後見によりローマ教皇となっていたヴィギリウスも、当初三文書を異端扱いすることに不同意で、会議場から姿をくらまし、後になってしぶしぶ決議文書に署名したほどだった。

▼ゲルミア　アナトリア中央部の第二ガラティア属州西方にあった都市。現在のトルコ共和国の町ヨルメ。アンカラから南西に約一〇〇キロメートルの場所にあった。

ンティノープルから出ることがほとんどなかった彼にとっては珍しい長旅であったが、当時の彼の様子をうかがい知る上で一つの興味深い行動だったといえる。

ゲルミアのこの聖所は、病を癒す温泉が出ることで有名だった。四五四年に当時の帝国役人ストゥディオスが訪れ、病が癒されたことへの返礼に聖ミカエル教会を修復し、病人と老人を収容する施設を設定していた。この故事にあやかったユスティニアヌスは、五五三年までにゲルミアを主教座にし、訪問後は大主教座としている。テオドラ存命中には両者で聖ミカエル教会に寄進もしており、参道の列柱の柱頭に二人のモノグラムが刻まれていたと伝えられる。ゲルミアは、ビザンツ全期を通じて総主教座に服さない自律的な地位を保持した。このことからも、ユスティニアヌスの篤信がうかがわれる。

篤信と政治

ユスティニアヌスにとって、キリスト教信仰は帝国統治の前提だった。そしてその信仰はオルトドクシー(正教)以外にはありえなかった。

五三四年公布の全一二巻から成る『ユスティニアヌス法典』の第一巻は、宗教問題にあてられ、最初におかれた「全人民へ」は、オルトドクシーの信仰がローマ市民の条件となることを宣言したテオドシウス一世の勅令(三八〇年発布)だった。ここに見られる姿勢は、『テオドシウス法典』(四三七年公布、全一六巻)と対比すると、より鮮明になる。後者では、教会問題が異教に関する規定とともに最終の第一六巻で扱われていた。ユスティニアヌスにあっては、オルトドクシーによる帝国の統治をめざす意識を公式にも前面に出していた。

五五三年の第二コンスタンティノープル公会議は、単性論に傾くアレクサンドリア教会に理解を示すために開かれた。そのために、アンティオキア学派の主要な論客の著述を異端とした。それが、アレクサンドリア教会の教義に対する純粋なシンパシーだったかは、実のところ判然としない。この措置によってユスティニアヌスは、教義上の諸問題に引き込まれることになる。そして、ローマ教会の一部の司教たちの離反を招くことにもなった。

オルトドクシーの信仰をもって帝国を統治する。そして、オルトドクシーの信仰内容、教義の柔軟な理解をめざす。この二つの信念が、ユスティニアヌスの心中にあったのではないだろうか。テオドラ亡き後の彼は、自らと帝国の安寧に向かったのではないか、と思えてくる。

五六五年十一月十四日、ユスティニアヌスはコンスタンティノープルの宮殿で崩御した。後代の年代記作者テオファネスが記すように、三八年と七カ月一三日に及ぶ治世だった。皇后テオドラとのあいだに嫡出男子はなく、妹ヴィギランティアの息子ユスティヌスが即位し(同二世)、皇后テオドラの姪ソフィアと結婚して帝国の舵取りとなった。

ユスティニアヌスの遺体は、市内の聖使徒教会に特別に造られた霊廟に納められた。

伝説の大帝となる

エドワード・ギボンの『ローマ帝国衰亡史』(原著初版一七七六年刊)以来、東ローマ帝国の歴史は、いわば「衰亡」の論調のなかに描かれてきた。

四七六年に帝国西半部で皇帝が不在となったことは、確かに政治的な「断絶」ないし「滅亡」を印象づけるかもしれない。しかし、国制上も帝国の一体性は担保されていたのであり、六世紀に至るまでイタリアはコンスタンティノープルと連絡を取り続けていた。他方、ユスティニアヌスにも見られるキリスト教信仰への傾斜は、古典古代文化の閉塞をイメージさせた。十九〜二十世紀の歴史学の基調は、古典古代をポジティブに受け止めた反面、キリスト教化の時代を「衰退」過程と見てきた観が強い。

しかし、いまやユスティニアヌス期を「衰退」「デカダンス」の歴史として考える人は少ない。同時代史料の語るところでは、ユスティニアヌス期の帝国社会は一定のリズムを刻みながら活力ある歩みを見せていた。

法典の編纂、度重なる遠征は、ユスティニアヌスの時代を特徴づける。国家と社会に経済的力があってこそ推進できた事業といってよい。他方、ユスティニアヌス時代には、多くの教会、聖堂、また慈善施設が建設された。それはキリスト教の信仰が浸潤した四世紀末以来の傾向だったが、これらの宗教施設には、その運営をまかなう財源が特定されていた。皇帝勅令は、施設の建設、施設の運営に多大な関心を及ぼし、教会機関がおこなう慈善事業の遂行に財政的配慮をもって支援をしている。

ここにうかがえるのは、少なからぬ財源が社会福祉的活動を担うキリスト教会ほか諸施設に流れ込んでいたことである。つまり、財の流れが四世紀までと違ってきていたのである。施設が設立されたのはおもに「都市」だった。その磁場に多くの住人がおり、当然ながら老齢になって介護を受けざるをえない者、また怪我などで就労できない「貧困民」が存在した。彼らを収容する慈善施設などに富の再分配活動がおこなわれていたのだった。

ユスティニアヌスは「帝国復興」の理想を掲げて、国家の版図を押し広げた偉大な皇帝だった。ローマ帝国の西半部が帝国の直接的な宗主権から離れて半世紀以上、この遠征は、東ローマ帝国の歴史において画期的で野心的な事業であり、ユスティニアヌスの時代を特徴づける出来事であった。

彼はまた、キリスト教皇帝でもあった。その当為として、キリスト教的な意味でのオイコノミア、すなわち「世界の摂理」の実践を担った。このキリスト教ローマ皇帝のモデルもまた、その後のヨーロッパ＝キリスト教世界に引き継がれていったのである。

ユスティニアヌス大帝とその時代

西暦	年齢	おもな事項
380		テオドシウス1世勅令『全人民へ』(cunctos populos)。キリスト教の国教化
392		キリスト教の排他的国教化。異教の禁止
395		ローマ帝国の東西分裂
431		エフェソス公会議
437		『テオドシウス法典』公布
476		***9***- 西ローマ皇帝ロムルス・アウグストゥールス廃位。西ローマ帝国の滅亡
483	0	***5-11*** ユスティニアヌス誕生（ダルダニア州タウレシウム〈現北マケドニア共和国スコピエ近傍〉）
491		アナスタシウス1世即位
518	35	アナスタシウス1世崩御，叔父ユスティヌス1世が皇帝として即位
521	38	ユスティニアヌス執政官に任命される。その後，東方軍司令官にも併任される
522	39	ラジカ王国の王ツァトがユスティニアヌスに謁見
525頃	42	テオドラと結婚
527	43	***4-1*** ユスティニアヌス副帝（カエサル）に就任。***8-1*** ユスティニアヌス皇帝（アウグストゥス）として即位。第一次ササン朝ペルシア戦（～532)。アニキア・ユリアナによる聖ポリエウクトゥス聖堂（帝都最大の聖堂）が完成
528	44	カッパドキアのヨハネスを主査とする法典作成のための委員会を設立し，法の編纂を命じる
529	45	アテネのアカデメイアを閉鎖。古代からの伝統的多神教（異教）を弾圧
529	45	サマリア人の反乱
532	48	***1***- ニカの乱。***6***- ササン朝ペルシアと「永久平和」条約を締結
533	49	トリボニアヌスらによるローマ法の大全『学説彙纂』を公布。『法学提要』も公布。ヴァンダル王国討伐（～534)
535	52	東ゴート王国の内紛に乗じてベリサリオスをイタリアへ派遣（イタリア戦役第一段階〈～540〉)。『新法』公布
537	54	ニカの乱で焼失した聖ソフィア聖堂の再建完成
540	57	***5***- ベリサリオスが東ゴート王国の首都ラヴェンナを攻略。第二次ササン朝ペルシア戦開始（～562)
541	58	イタリア戦役第二段階開始（～554)。共和制ローマ以来の執政官制度を廃止する
542	59	ペスト大流行，ユスティニアヌス自身も一時罹患する
548	65	皇后テオドラがおそらく癌により死去
553	70	***5/6***- 第2回コンスタンティノポリス公会議を主宰
554	71	将軍ナルセスがイタリア半島の平定を完了
563	80	***10***- ゲルミアへの巡礼
565	82	***11-14*** ユスティニアヌス死去（コンスタンティノープルで）

参考文献

井上浩一『ビザンツ帝国』岩波書店，1982 年
井上浩一『生き残った帝国ビザンティン』講談社現代新書，1990 年
井上浩一『ビザンツ皇妃列伝』筑摩書房，1996 年
井上浩一・粟生沢猛夫『ビザンツとスラヴ』（世界の歴史 第 11 巻）中央公論新社，1998 年
大月康弘『帝国と慈善　ビザンツ』創文社，2005 年
ゲオルク・オストロゴルスキー（和田廣訳）『ビザンツ帝国史』恒文社，2001 年
尚樹啓太郎『ビザンツ帝国史』東海大学出版会，1999 年
ピエール・マラヴァル（大月康弘訳）『皇帝ユスティニアヌス』白水社〈文庫クセジュ〉，2005 年
ポール・ルメルル（西村六郎訳）『ビザンツ帝国史』白水社〈文庫クセジュ〉，2003 年
橋川裕之・村田光司「プロコピオス『秘史』――翻訳と註（1）～（3）」『早稲田大学高等研究所紀要』第 5 号（2013 年）81-108 頁，第 6 号（2014 年）77-97 頁，第 7 号（2015 年）41-70 頁 [全 30 章の日本語訳と訳注]
プロコピオス（和田廣訳）『秘史』（西洋古典叢書）京都大学学術出版会，2015 年
和田廣訳「ヨハネス・マララス著『年代記』」『史境』27（1993），46-59；32（1996），61-72；36（1998），100-114；40（2000），86-102；43（2001），88-103；45（2002），91-109；49（2004），72-89；52（2006），72-81；54（2007），106-119［第 16-18 巻の日本語訳と訳注］
和田廣「ユスティニアヌス一世帝の異端迫害政策について」『史潮』20（1986），18-30 頁
渡邊金一『ビザンツ社会経済史研究』岩波書店，1968 年

Procopii Caesariensis opera omnia. Edited by J. Haury; revised by G. Wirth. 3 vols. Leipzig: Teubner, 1976-64. Greek text.
Procopius. ed. by H. B. Dewing. 7 vols. Loeb Classical Library. Cambridge, Mass.: Harvard University Press and London, Hutchinson, 1914-40. Greek text and English translation.
Procopius, The Secret History, translated by G.A. Williamson. Harmondsworth: Penguin Books, 1966. A readable and accessible English translation of the Anecdota.
Procope de Césarée (trad. Pierre Maraval), *Histoire secrète*, Paris, Les Belles Lettres, coll. « La Roue à Livres », 1990.
Procope de Césarée (trad. Denis Roques), *La Guerre contre les Vandales*, Paris, Les Belles Lettres, coll. « La Roue à Livres », 1990.
Procope de Césarée (trad. du grec ancien par Denis Roques), *Constructions de Justinien Ier*, Alexandrie, Edizioni dell'Orso, 2011,
Procope de Césarée (trad. du grec ancien par Denis Roques et Janick Auberger), *Histoire des Goths*, Paris, Les Belles Lettres, coll. « La Roue à livres », 2015.
Bell, Peter N., *Social Conflict in the Age of Justinian: Its Nature, Management, and Mediation*. Oxford U. P., 2013.
Browning, Robert, *Justinian and Theodora*, London, 1987.
Bury, J. B., *History of the later Roman Empire*, Vol. 2, New York (reprint), 1958.

Cameron, Averil, et al. (eds.), *The Cambridge Ancient History*, Vol. 14, Second Edition, Cambridge, 2000. esp. Cameron, Averil, Justin I and Justinian.

Diehl, Charles, *Justinien et la civilisation byzantine au VIe siècle*, Paris, 1901.

Evans, James Allan Stewart, *The Emperor Justinian and the Byzantine Empire*, Westport, CT: Greenwood Press, 2005.

Herrin, Judith, *Ravenna: Capital of Empire, Crucible of Europe*, Princeton U. P., 2020.

Jeffreys, Elizabeth/ Jeffreys, Michael/ Scott, Roger, et al., *The Chronicle of John Malalas: A Translation*, (Byzantina Australiensia 4) Melbourne: Australian Association for Byzantine Studies, 1986.

Jones, A. H. M., *The Later Roman Empire 284-602: A Social, Economic, and Administrative Survey*, Oxford, 1964.

Maas, Michael (ed.), *The Cambridge Companion to the Age of Justinian*. Cambridge 2005.

Meier, Mischa, *Das andere Zeitalter Justinians. Kontingenzerfahrung und Kontingenzbewältigung im 6. Jahrhundert n. Chr*, Göttingen, 2003.

Meier, Mischa, *Justinian. Herrschaft, Reich, und Religion*, München, 2004.

Meier, Mischa (Hg.), *Justinian. Neue Wege der Forschung*, Darmstadt, 2011.

Moorhead, John, *Justinian*. London, 1994.

Rosen, William, *Justinian's Flea: Plague, Empire, and the Birth of Europe*, Viking Adult, 2007.

Rubin, Berthold, *Das Zeitalter Justinians*, Berlin, 1960.

Sarris, Peter, *Economy and society in the age of Justinian*, Cambridge, 2006.

Tate, Georges, *Justinien. L'épopée de l'Empire d'Orient (527-565)*, Paris, 2004,

The Monastery of Saint Catherine in Sinai: History and Guide, American Univ. in Cairo Pr., 1991.

Torsten, Cumberland Jacobsen, *The Gothic War*, Westholme, 2009.

Vasiliev, A., *A. History of the Byzantine Empire, 324-1453*, Second edition, Madison, 1952.

Walford, Edward (tr.), *The Ecclesiastical History of Evagrius: A History of the Church from AD 431 to AD 594*, Evolution Publishing, 1846, Reprinted 2008.

図版出典一覧

©Berthold Werner　93下

Constantine VII, *De ceremoniis aulae byzantinae*. ed. J. Reiske (2 vols., 1829, 1830).　73

DUMBARTON OAKS Research Library and Collection.　93中

Judith Herrin, *Ravenna*. Princeton U.P., 2020.　カバー表, 13中, 16

大月康弘『帝国と慈善　ビザンツ』(創文社，2005年) 図5-1を改変　9

著者撮影　13上, 13下, 93上, カバー裏

ユニフォトプレス提供　扉

大月　康弘(おおつき　やすひろ)
1962年生まれ
一橋大学大学院経済学研究科修了
博士(経済学)
専攻，経済史，ビザンツ史
現在，一橋大学理事・副学長，経済学研究科教授

主要著書・訳書
『帝国と慈善　ビザンツ』(創文社 2005)
『ヨーロッパ　時空の交差点』(創文社 2015)
『コンスタンティノープル使節記』
(リウトプランド著，全文訳，訳注，付論2編，知泉書館 2019)
『皇帝ユスティニアヌス』(ピエール・マラヴァル著，白水社 2005)
『ビザンツ文明――キリスト教ローマ帝国の伝統と変容』
(ベルナール・フリューザン著，白水社 2009)
『ヨーロッパとゲルマン部族国家』
(共訳，マガリ・クメール，ブリューノ・デュメジル著，白水社 2019)

世界史リブレット人❾
ユスティニアヌス大帝《たいてい》
世界《せかい》に君臨《くんりん》するキリスト教《きょう》ローマ皇帝《こうてい》
2023年３月10日　１版１刷印刷
2023年３月20日　１版１刷発行
著者：大月康弘《おおつきやすひろ》
発行者：野澤武史
装幀者：菊地信義＋水戸部　功
発行所：株式会社 山川出版社
〒101-0047　東京都千代田区内神田１-13-13
電話　03-3293-8131(営業) 8134(編集)
https://www.yamakawa.co.jp/
振替 00120-9-43993
印刷所：株式会社 プロスト
製本所：株式会社 ブロケード
 ISBN978-4-634-35009-0

世界史リブレット 人

1 ハンムラビ王――中田一郎
2 ラメセス2世――高宮いづみ・河合 望
3 ネブカドネザル2世――山田重郎
4 ペリクレス――前沢伸行
5 アレクサンドロス大王――澤田典子
6 古代ギリシアの思想家たち――高畠純夫
7 カエサル――毛利 晶
8 ユリアヌス――南川高志
9 ユスティニアヌス大帝――大月康弘
10 孔子――高木智見
11 商鞅――太田幸男
12 武帝――冨田健之
13 光武帝――小嶋茂稔
14 冒頓単于――沢田 勲
15 曹操――石井 仁
16 孝文帝――佐川英治
17 柳宗元――戸崎哲彦
18 安禄山――森部 豊
19 アリー――森本一夫
20 マンスール――高野太輔
21 アブド・アッラフマーン1世――佐藤健太郎
22 ニザーム・アルムルク――井谷鋼造
23 ラシード・アッディーン――渡部良子
24 サラディン――松田俊道
25 ガザーリー――青柳かおる
26 イブン・ハルドゥーン――吉村武典
27 レオ・アフリカヌス――堀井 優
28 イブン・ジュバイルとイブン・バットゥータ――家島彦一
29 カール大帝――佐藤彰一
30 ノルマンディー公ウィリアム――有光秀行
31 ウルバヌス2世と十字軍――池谷文夫
32 ジャンヌ・ダルクと百年戦争――加藤 玄
33 王安石――小林義廣
34 クビライ・カン――堤 一昭
35 マルコ・ポーロ――海老澤哲雄
36 ティムール――久保一之
37 李成桂――桑野栄治
38 永楽帝――荷見守義
39 アルタン――井上 治
40 ホンタイジ――楠木賢道
41 李自成――佐藤文俊
42 鄭成功――奈良修一
43 康熙帝――岸本美緒
44 スレイマン1世――林佳世子
45 アッバース1世――前田弘毅
46 バーブル――間野英二
47 大航海時代の群像――合田昌史
48 コルテスとピサロ――安村直己
49 マキァヴェッリ――北田葉子
50 ルター――森田安一
51 エリザベス女王――青木道彦
52 フェリペ2世――立石博高
53 クロムウェル――小泉 徹
54 ルイ14世とリシュリュー――林田伸一
55 フリードリヒ大王――屋敷二郎
56 マリア・テレジアとヨーゼフ2世――稲野 強
57 ピョートル大帝――土肥恒之
58 コシューシコ――小山 哲
59 ワットとスティーヴンソン――大野 誠
60 ワシントン――中野勝郎
61 ロベスピエール――松浦義弘
62 ナポレオン――上垣 豊
63 ヴィクトリア女王、ディズレーリ、グラッドストン――勝田俊輔
64 ガリバルディ――北村暁夫
65 ビスマルク――大内宏一
66 リンカン――岡山 裕
67 ムハンマド・アリー――加藤 博
68 ラッフルズ――坪井祐司
69 チュラロンコン――小泉順子
70 魏源と林則徐――大谷敏夫
71 曾国藩――清水 稔
72 金玉均――原田 環
73 レーニン――和田春樹
74 ウィルソン――長沼秀世
75 ビリャとサパタ――国本伊代
76 西太后――深澤秀男
77 梁啓超――高柳信夫
78 袁世凱――田中比呂志
79 宋慶齢――石川照子
80 近代中央アジアの群像――小松久男
81 ファン・ボイ・チャウ――今井昭夫
82 ホセ・リサール――池端雪浦
83 アフガーニー――小杉 泰
84 ムハンマド・アブドゥフ――松本 弘
85 イブン・アブドゥル・ワッハーブとイブン・サウード――保坂修司
86 ケマル・アタテュルク――設樂國廣
87 ローザ・ルクセンブルク――姫岡とし子
88 ムッソリーニ――高橋 進
89 スターリン――中嶋 毅
90 陳独秀――長堀祐造
91 ガンディー――井坂理穂
92 スカルノ――鈴木恒之
93 フランクリン・ローズヴェルト――久保文明
94 汪兆銘――劉 傑
95 ヒトラー――木村靖二
96 ド・ゴール――渡辺和行
97 チャーチル――木畑洋一
98 ナセル――池田美佐子
99 ンクルマ――砂野幸稔
100 ホメイニー――冨田健次

〈シロヌキ数字は既刊〉